基于章程的高等职业院校治理研究

肖艳婷　著

南開大學出版社
天　津

图书在版编目(CIP)数据

基于章程的高等职业院校治理研究 / 肖艳婷著. —天津：南开大学出版社，2021.1
ISBN 978-7-310-05993-5

Ⅰ. ①基… Ⅱ. ①肖… Ⅲ. ①高等职业教育—学校管理—研究—中国 Ⅳ. ①G718.5

中国版本图书馆 CIP 数据核字(2020)第 243917 号

基于章程的高等职业院校治理研究
JIYU ZHANGCHENG DE GAODENG ZHIYE YUANXIAO ZHILI YANJIU

南开大学出版社出版发行
出版人:陈 敬
地址:天津市南开区卫津路 94 号 邮政编码:300071
营销部电话:(022)23508339 营销部传真:(022)23508542
http://www.nkup.com.cn

北京虎彩文化传播有限公司印刷 全国各地新华书店经销
2021 年 1 月第 1 版 2021 年 1 月第 1 次印刷
210×148 毫米 32 开本 6.5 印张 2 插页 187 千字
定价:40.00 元

如遇图书印装质量问题,请与本社营销部联系调换,电话:(022)23508339

天津市高等学校职教教师教育创新团队培养计划项目（TD13-5097）、天津市人文社会科学重点研究基地（职业教育发展研究中心）资助

目　录

第一章　绪论

1.1 题目解读与基本概念界定

1.1.1 题目解读

“基于章程的高等职业院校治理研究”意在以契约理论为视角，透视作为高等职业院校治理依据的院校章程，明晰高等职业院校章程与高等职业院校治理的关系，了解基于章程的高等职业院校治理之义，并在实践的基础上，剖析基于章程的高等职业院校治理困局及其原因，进而把握基于章程的高等职业院校治理的运行机理，尝试探索高等职业院校治理的改进路径，立足高等职业院校治理的现实需要，规范治理过程，提高治理实效。基于章程的高等职业院校治理本质是一种契约治理，基于章程的高等职业院校治理运行体现了契约的制度化过程。在契约不完全的治理“失序”现实中，如何改进高等职业院校治理是本书的主题。

1.1.2 概念界定

1. 基本概念界定

（1）高等职业院校治理

要阐释高等职业院校治理的概念，先要明晰治理的概念。治理在《辞海》中的解释是管理、整治，得到管理、整治。《商君书·更法》中也有“治世不一道”的说法。传统概念里的治理，是与“统治”一词交叉使用的，强调政府的控制和操纵行为。现代意义治理概念的提出是在20世纪90年代。随着社会政治、经济的不断发展，治理逐渐运用到各个领域，传统的治理含义逐渐被突破，尤其是西方社会在探索适应新时期发展的公共管理模式的过程中，尝试丰富治理的现代性内涵，以区别传统的政府控制概念。

有学者认为治理是一种制度安排，它是当存在两个或多个冲突时发挥调节作用的规则、规范和程序。1995年全球治理委员会发表的《我们的全球伙伴关系》对治理作出定义：治理是个人或者组织机构管理公共事务的方式的综合，它关注的是本身存在着冲突的利益之间通过调和而达成统一并采取一致行动的过程。这个界定明确了治理的多种内涵，强调治理的互动、协调的过程而不是传统的“管理与被管理”“控制与被控制”的含义。

我国学者俞可平也从不同角度阐释了治理的概念，他认为：当前治理已经成为世界非常需要重视的理论和现实问题，公共管理视角下的治理指的是以实现公共利益为目标的公共权威进行的管理活动和过程，治理应关注国家和社会需要，倡导问题意识；政治学视角下的治理是政治行为的体现，它偏重强调政治行为的工具性，以治理体现政治价值；治理的本质在于它并不依靠政府的权威；治理强调的是互相影响的行为者之间的互动，而不是通过外部权威强加的。

2014年6月，国务院印发的《国务院关于加快发展现代职业教育的决定》（以下简称《决定》）也对“治理”的内涵作出了界定。一方面，《决定》强调通过治理来规范办学和行政行为，比如：建立多主体共同参与的学校理事会或董事会；制定校长任职资格标准；完善体现职业院校办学和管理特点的绩效考核内部分配机制。另一方面，《决定》鼓励多元主体组成治理的联合体，进行多元投资来实现现代职业教育共建的目的，倡导通过多主体的共同治理来平衡和协调利益相关者的关系。

首先，综合来看，治理的内涵在实践中被不断地丰富和完善，从不同的角度分析，治理体现不同的政治、经济和社会功能，可以进行适应性选择借鉴。在以上概念的基础上，可以得出，现代意义的治理概念不同于传统的“统治”和“管理”，它的内涵主要体现在三个方面：一是强调治理的过程，而不是制度本身；二是治理涉及多元利益主体，鼓励多主体的共同参与，关注多主体的互动关系；三是治理以协商为基础，提倡平等合作，而不是上下级的支配与控制。（见图 1-1）据此，本书将治理定义为：利益相关者依据法律和制度通过协商、谈判、妥协的方式达成共识，争取互利共赢，妥善处理相关事务的过程。

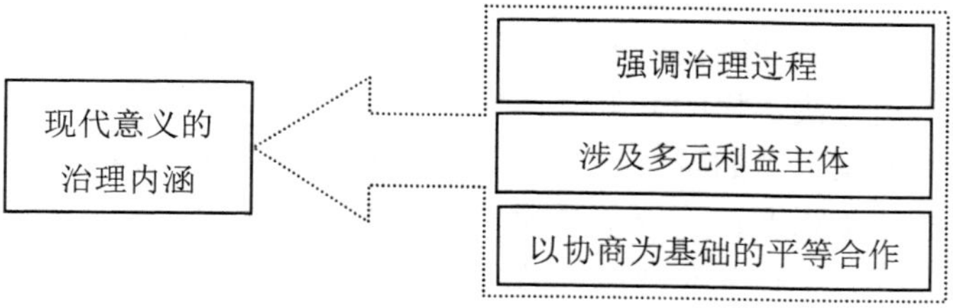

图 1-1　现代意义的治理内涵示意图

其次，本书题名为“基于章程的高等职业院校治理研究”，即研究的是以高等职业院校为对象的治理，那么有必要先了解什么是高等职业院校。在我国，高等职业院校是实施高等职业教育的院校类型，是我国高等职业教育实施的主要阵地，是培养高层次技术应用型人才的职业院校。从层次上来讲，与中等职业院校相比，它具有高层次性，在人才培养、社会服务、院校建设等方面具有更高的要求；从类型上来讲，与普通教育相比，高等职业院校是实施高等职业教育的阵地，担负着为国家提供高质量的职业教育人才资源的艰巨任务。清末我国建立了高等实业学堂和师范学堂，这是我国高等职业院校的雏形，民国时期我国有专门学校和高等师范学校，20 世纪 80 年代又建立了现代高等职业院校，从历史发展来看，我国高等职业院校实现了跨越式的快速发展。随着近代高等教育的繁荣发展，我国高等职业院校在规模上的优势愈发明显。据统计，我国的高等职业教育在全世界范围内是规模最大的，2019 年，共有 1423 所高等职业学校、70 万名专任教师、745 万名学生[①]。2006 年，教育部开始实施“国家示范性高等职

---

① 中华人民共和国教育部. 2019 年教育统计数据[EB/OL].（2020-06-11）[2020-10-30]. http://www.moe.gov.cn/s78/A03/moe_560/jytjsj_2019.

业院校建设计划”，我国高等职业教育进入发展新阶段。

以上述情况为基础，可以进一步了解高等职业院校治理的具体含义。高等职业院校治理是以高等职业院校为主要阵地和主要承担者的治理，从理论上来讲，高等职业院校治理是高等职业院校依据治理制度，立足院校的可持续发展，通过协调各种力量，划分利益主体权责利，解决高等职业院校发展中的问题的过程。高等职业院校治理强调的是关于治理决策权的分配，倡导教育决策的民主化，通过决策权的配置平衡激发大学的本质功能，提升其学术创造力。《决定》对职业院校治理进行了强调：治理是对管理的升华，现代职业教育治理主体应该是包含政府、行业企业、社会公众和学校在内的多元利益主体；重新定位参与职业院校管理的多元主体之间的关系；强调职业院校制度建设，提倡现代职业院校的法治建设，从制度建设、标准建设等方面推动职业院校的依法治理，并最终形成体系；强调院校之间的互动式管理模式。

从治理现实来讲，高等职业院校治理具有现代职业教育治理的区域性、实践性、开放性等特征，是针对当前我国高等职业院校治理实践中存在的诸多问题而提出的解决方法，是高等职业院校内部运行从“无序”到“有序”的实现过程。高等职业院校的治理主体是包含政府、行业企业、高等职业院校、社会公众等在内的多元主体；治理内容是与高等职业院校发展相关的一切事务。高等职业院校治理以治理“有序”为目标，力求达成善治正义。从整体来看，本书主要关注三个方面的内容：一是与多元利益主体相关的治理权责利划分；二是治理过程的规范性；三是治理整体的协调与平衡。需要强调的是，基于我国高等职业院校办学的复杂性，本书将研究对象界定为公办高等职业院校。

（2）高等职业院校章程

从字面意义上来说，章程是指组织或团体的行动纲领和准则，是书面写定的关于组织规程和办事条例的文书。章程大致可以分为组织章程和事务章程两种。组织章程是指社会组织制定的对组织的性质、任务、宗旨、机构设置、人员构成、内部关系、成员的职责权限、活动细则等作出明确规定的组织文件，如《××基金会章程》《××公司章程》等；事务章程是针对某项具体的事务或活动而制定的章程，阐明事务或活动的性质、方式、要求以及规范等，如《××学校招生简章》《××活动章程》等。

学校章程是学校自主管理的纲领性文件，对学校办学具有引导、规范和保障作用。高等职业院校章程是关于高等职业院校的组织规程或办事条例的全局性文件，它是由高等职业院校利益相关者在协商一致的基础上共同制定的，它的基本内容包含了高等职业院校的定位与目标、组织结构、管理体制、利益主体的权利、责任与义务等有关高等职业院校改革与发展的重要内容。高等职业院校章程作为院校组织管理的“内部法”，是院校法人得以成立的制度基础，是高等职业院校从“人治”走向“法治”的重要举措。制定和完善章程是厘清高等职业院校内外部关系、落实办学自主权的现实要求。

高等职业院校章程既有一般章程的特点，又具有高等职业院校章程本身的特点。

一方面，高等职业院校章程具有一般章程的合法性、稳定性和约束性。首先，合法性是指章程的制定符合宪法规定和职业教育、高等教育相关的法律规定，是法律允许的范围内的高等职业院校治理制度的体现；其次，章程是高等职业院校内部运行的纲领，规定了治理的行动准则，在一定时期内发挥作用，不可随意更改，如根据治理实际必须作出改动，则需要执行特定的程序，办理相关的手续方可改动；最后，章程具有约束性，作用于高等职业院校内部，不由国家强制推行，依靠高等职业院校全体成员共同遵守和实施，具有一定的约束力和规范作用。

另一方面，区域性和实践性是高等职业院校章程不同于一般高等院校章程的特点。高等职业院校章程体现了高等职业院校区域办学和服务的特色，在院校发展定位上突出与地方特色的结合；不同于一般高等院校章程，高等职业院校章程凸显了现代职业教育的实践性，对学生的实习实训、校企合作的方式和要求均作出了明确规定。

综上，笔者认为高等职业院校章程是其多元治理主体间的关系性规则的集合，体现了多元利益主体的权利关系，是高等职业院校多元利益主体对高等职业院校治理事务在协商的基础上所形成的共识。

（3）契约

契约最初和人类的交换活动有关，为了获得生存需要的物质资源，人类尝试通过相互退让达成交换的目的，获取生活必需品。契约一词源于拉丁语 Nex，指的是一种用铜片达成的交换，代表双方之间具有交换关系。后来，随着商品经济的发展，契约的使用越来越频繁，为了交换的延续，契约逐渐和法律联系起来，契约不单单代表了市场上的交换，也蕴含了交易中双方必须要承担的责任和义务，即合法义务，契约由此成为一种约定，对双方具有强制约束。在《现代汉语词典》中，契约指证明买卖、抵押、租赁等关系的文书。从法理上讲，契约指个体与另一个个体或多个个体自由订立协定而创设的社会协议，具有合同的性质。

在现代契约理论中，不完全契约是其关注的核心。现代契约理论认为存在这样的情况，即一个契约如果难以完全准确描述交易未来发展的所有可能性状态，且明确每种状态下双方的权、责，那么这个契约就可以称为不完全契约。在实际的交易中，由于人类对未来只能作出有限可能的猜测，难以准确预估到所有可能发生的状况，也就是说，契约难以做到准确描述所有未来可能发生的状况，也难以规定在每种未来可能发生的状况中双方的权、责，所以现实中的契约总是存在不完善和遗漏的条款，契约总是具有不完全性的。著名经济学家威廉姆森认为契约具有不完全性的原因主要有两方面：一是意识交易中存在不确定性；二是人的有限理性的客观存在。他尝试通过充分认识和分析契约的多样性和交易属性来达到降低交易费用，促进合作关系的目的。

从形式上来分，契约通常可以分为两种，即正式契约和非正式契约。正式契约是以书面的形式呈现的，由契约双方或多方共同协商决定的关于某项交易或事务、活动的文件或合同，具体交易规则以条款的形式写在文件或合同中，受国家法律保护。非正式契约主要指约定执行完全依赖于订约双方或多方建立的信用机制的契约，需要双方或多方共同遵守才有效，其包括口头契约和以行为形成的契约。

在现代社会中，契约具有以下四个特点。第一，制定契约的主体可以是个体，也可以是组织、群体、社团等等；数量可以是两个，也可以是多个。第二，契约是一种关系的表达，代表着双方或多方的约定，规定了双方或多方在交易中的权、责，契约的制定代表对双方或多方交易关系的认同，对双方的交易行为具有约束作用。第三，契约强调的是契约双方或多方在交易中的信用，是通过协议的形式来保障信用的一种实体形式，契约的形成及广泛流行代表着交易市场的规范化趋向。第四，契约与秩序存在重要联系，契约的形成有利于交易秩序的维持，不管是在法律意义上还是在信用层面上理解的契约，其都具有约束作用，对维持交易的秩序有重要意义。尤其在市场经济发达的现代社会，对契约精神的广泛认同于良好市场氛围的形成起着重要作用。

在本书中，契约作为一种思想方式和意识观念，由双方通过签订协议的形式来达成，以实现行动的协调和资源的合理配置，是双方经协商处理共同面临问题的约定，代表双方对契约关系的认同。本书将契约引入治理中，试图从契约理论的角度来剖析基于章程的高等职业院校治理，分析治理中存在的问题，并尝试找出治理改进的路径，提供一种对高等职业院校的现实治理状态和未来可能的治理发展方向的理解维度。

2. 概念之间的关系

（1）章程与契约的关系

在高等职业院校治理中，章程是契约的表征，凸显现代高等职业院校治理的主体契约关系，同时也是高等职业院校利益相关者之间关于高等院校发展的相关事务经协商达成的协议，是高等职业院校内部管理运行的纲领性文件、院校自主管理与自我规范的基本依据，具有“内部法”的效力。由此可见，章程和契约都是有关某项事务的利益相关者共同的协议，对双方都具有约束力，两者同样具有合法性。

章程是关于治理规则的集合，契约是双方处理共同事务的条约规定，两者在内涵上呈现出一致性。因此可以说，在院校治理的范畴内，章程是契约的表征，是契约在院校治理中的一种实体表达，换言之，章程是高等职业院校多元利益相关者通过协商共同签订的有关高等职业院校内部管理与组织结构、运行与发展等相关事宜的公法契约，通过订立契约的形式明确划分多元利益主体的权责利，明确治理多重利益关系。

基于章程的高等职业院校治理实质是契约治理。需要强调的是，章程是由高等职业院校利益主体共同签订的契约，主体之间是一种平等协商的现代契约关系，章程在治理过程中发挥契约的合法性作用。（见图 1-2）

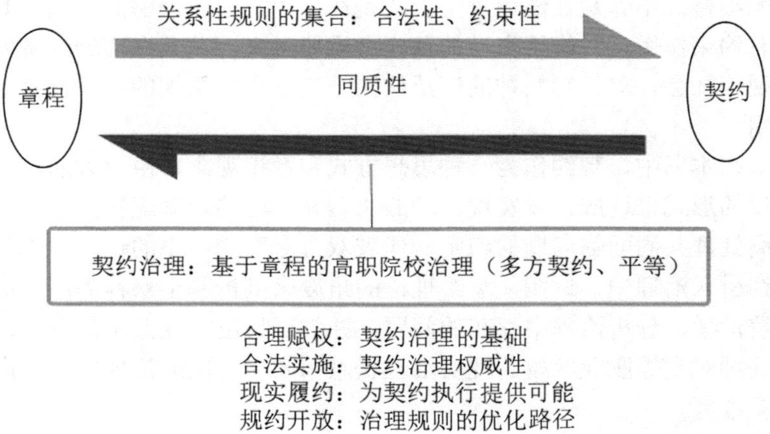

图 1-2 章程与契约概念关系示意图

（2）章程与治理的关系

在章程与治理的关系中，章程体现治理的关系性规则，高等职业院校章程与治理行为联系紧密，对高等职业院校的治理也是实施高等职业院校章程的过程，治理实践了高等职业院校章程的意旨。高等职业院校章程是高等职业院校治理的依据，它提供了治理的基本规则，规定了一种权责对等的治理结构。章程对治理的相关问题作出了具体的规定，使治理过程变得具体化，也更加具有操作性，可以说，章程是治理的架构，体现了治理的制度性安排。

章程的制定过程即高等职业院校治理机制的形成过程，基于章程的高等职业院校治理运行体现了契约规制的多重均衡，其本质是契约的制度化过程，高等职业院校内部治理结构本质是利益相关者参与治理的权力博弈。章程制定和实施的目标体现在两方面：一是界定治理各利益主体的权责边界，明确利益主体之间协商与合作的基本规则；二是在治理的标准框架中提高资源利用效率，提升高等职业院校治理能力。

1.2 研究背景与文献综述

1.2.1 研究背景

1. 国内背景

（1）职业教育治理现代化之势

党的十九大报告明确指出要“优先发展教育事业”。《国家中长期教育改革和发展规划纲要（2010—2020 年）》（以下简称《纲要》）提出了新时期教育发展的目标——“实现教育现代化”，明确了教育发展的未来。从内容上来说，院校治理的现代化包括治理制度、治理过程、治理方式、治理评价等的现代化，其中以治理制度的现代化为根本。院校章程作为现代职业教育制度体系建设的主要内容，社会各界对其的关注与重视体现了治理的理性化与科学化方向。新时期，经济社会发展的新常态对职业教育提出了更高的要求，为适应经济社会发展的新常态，职业教育的转型升级迫在眉睫，只有破解职业教育发展中的难题，满足职业教育的新时期要求，才能实现职业教育的可持续发展。基于章程的现代职业院校治理通过章程的修订与完善为院校治理提供了新规范、新路径，使高等职业院校治理可以与职业教育整体的转型发展相适应。因此，在教育发展的新阶段，实现教育的可持续发展，需要以章程为治理依据，切实加强高等职业院校治理的规范化、制度化，提升治理实效，为建立现代职业教育体系提供动力。

（2）教育深化改革背景下现代学校制度建设之需

近年来，教育改革的深入为现代职业教育的体制机制创新提供了良好的政策环境，职业教育办学资源更加丰富，办学条件不断改善。从职业教育可持续发展的角度来说，职业教育的规模和质量应该是与发展相适应的，然而，就现实来说，职业教育的办学质量和办学效能却一直得不到提升，还出现了办学方式单一、办学自主权难以落实、职业院校体制僵硬、内部治理结构不完善等一系列影响职业院校内涵式发展的问题。究其原因，是职业院校制度建设难以满足现代职业院校的办学需要和人才培养的需求。2010 年，《纲要》提出了建设现代学校制度的要求，要求各类高校依法制定适应院校可持续发展的院校章程，并依照章程管理与院校发展相关的事务。2015 年，《决定》对现代职业院校的内部治理结构、办学自主权、制度建设等方面都作出了规定，提出要使高等职业教育的结构适应现代社会经济发展的整体节奏，要创新高等职教育发展模式，提升职业院校发展与管理水平。另外，《决定》还对社会力量参与职业教育的相关制度与机制，职业院校的办学体制机制作出相关规定，为建设现代学校制度提供了有利条件。

（3）法治归向的院校治理正义呼唤

依法治教、依法治校是教育改革背景下我国教育治理方式的理性选择，也是依法治国在教育领域的提倡。教育从“人治”走向“法治”是教育现代化的要求，体现了教育从传统到现代的转变。职业教育治理体系建设作为国家治理体系的重要内容，正在努力迈向法治路径。民主法治的道路，是能够真正实现国家治理体系现代化的正确道路；积极推进国家治理体系的现代化，不仅是我国社会现代化的需要，也是实现我国社会民主法治的重要内容。

从关系来说，法治与正义有关，法治以实现治理正义为目标，治理正义是法治的基础，即院校的法治需要满足治理的公平性、合理性原则，能满足院校可持续发展的要求。相对地，只有正义的普遍要求才能最终实现院校法治。一般意义上，正义指的是某些思想、行为、观点和制度符合人类社会普遍认同的价值观念，符合社会的公正性和合理性要求。衡量正义的标准是这种思想、行为、观点和制度是否能够符合事物发展的规律，是否能够满足与此相关的社会成员的最大利益需求。治理正义主要体现为整个治理过程中蕴含和弘扬的正义价值理念，治理正义符合教育现代化的题中应有之义，是职业教育法治化的重要内容。

章程是高等职业院校治理的“内部法”，其对高等职业院校治理行为的约束为治理过程的制度化和治理行为的规范化提供了保障，使得院校治理“有章可循”。在我国高等职业院校治理中，基于章程的高等职业院校治理成为现代高等职业院校法治潮流。以章程来约束治理行为，规范治理过程，把法治理念与原则落实为院校的治理规则，符合治理多元主体的利益需求，体现了院校治理的正义。

2. 国外背景

（1）全球化进程与治理课题的提出

20 世纪 90 年代，“治理危机”概念首次在世界银行的报告中被提出，之后便迅速在政治、社会、经济等领域被广泛应用。人类生活环境的重叠和生活方式的转变悄然改变着国际社会的整体格局，全球社会成为一个即时互动、加速运转的荣辱共同体。由此，人类社会进入一个全球意识发展、秩序重建以及关系变革的治理新时代，开放与多元是全球化模式下价值体系的形态特点。

市场的持续繁荣促使人类精神生活愈加丰富，如何在价值多元的储备空间里，在全球一体化的治理格局内，弥合价值分歧、达成共识是当代政治经济生活需要面对的重要问题。治理具有现代化的色彩，表现在其具有丰富的价值内涵和对多元价值观念的“兼容并包”。现代治理以多元利益主体的共同价值认同为基础进行合作，但并不排斥其他的价值内容，其较强的包容性为社会成员提供了更加多样的价值选择，提供了多元文化共存的治理氛围。治理强调互动和协调行动的过程，将治理理念融入教育正是教育适应全球化发展的需要，体现了教育现代化的正确方向。治理理论的核心在于转变治理观念，以现代化的可持续发展理念来支持教育事业，通过改变传统管理方式中强制的行政调解的手段，借助利益相关者的联合行动，形成协同、多元、共赢、共治的治理格局。

（2）国际职业教育改革与发展

全球一体化的发展促进世界各国在政治、经济和社会等各个领域的一体化，新一轮产业和技术革命的蓄势待发加剧了全球范围内的人才竞争，尤其是能够决定经济发展质量和速度的技术技能型人才，在全球化的竞争中成为提高各国综合国力的关键。在这样的全球发展背景下，许多国家意识到职业教育的意义和价值，开始把发展职业教育作为迎接技术和产业革命挑战的重要措施。

同时，受国际金融危机的影响，实体经济受到关注，提升劳动者素质，实现社会、经济的可持续发展成为新时期国际社会发展的目标。由于职业教育在推动实体经济发展方面有着重要作用，职业教育受到国际社会的广泛重视。职业教育的国际合作与交流日渐增多，跨国与跨地区合作屡见不鲜，国际职业教育伙伴关系的建立不仅增强了职业教育与培训的跨文化学习，还给职业教育的多方位发展提供了平台，同时也为不同地区的职业教育学习和从业者提供了很好的学习机会，促进了国际职业教育的改革和发展。2012 年，第三届国际职业技术教育大会通过了《上海共识》，2017 年在唐山召开的国际职业技术教育大会通过了《唐山声明》，这都是国际职业技术教育领域交流与合作的成果，也反映了世界范围内各个国家的改革意志和内容，为今后国际职业技术教育的发展指明了努力方向，奠定了职业教育的改革和创新的基础，为我国职业教育改革与治理提供了可资借鉴的国际经验和智慧。

（3）“契约”价值的国际共识

在当前全球化的进程中，“契约”价值的国际共识为国际社会解决争端提供了可资借鉴的具体路径，契约理念的不断深化也为社会管理、公共管理领域解决矛盾提供了操作的可能性。经济社会的飞速发展对全球命运的影响日渐清晰，以契约形式来调整国际社会格局的自然状态，以应对未来进一步全球化的挑战具有紧迫的必要性；与此同时，全球化导致了多样化、多元化的全球共同体生活圈，不同价值观的客观存在为国际冲突的发生提供了可能性，良好国际关系的建立有赖于各个国家、各个地区间弥合差距、消除怀疑，以相互尊重、包容、共享与共赢等价值观念为基础进行沟通，进而形成契约，建立合作制度。

人类社会长久的发展实践证明，发挥契约精神是促成国家、地区间在政治、经济和社会事务中的广泛合作的重要因素。随着国际合作的增多，契约价值已得到国际社会的广泛认同。契约的数量、规模、机构的完善程度、机构之间的网络关系等引领了20世纪以后国际关系的基本变革，国际社会契约的提出、实践和具体实施的每一步发展都是人类治理结构的巨大进步。由此可见，满足全球利益，树立一种契约精神，在针对风险的治理中构建合作意识，不仅是公共管理的需要，也是国际政治、经济领域国际交流与合作的需要。

1.2.2 文献综述

2000年以来，教育治理理念的蔓延引发学者们对教育治理的广泛讨论。“国家治理体系和治理能力现代化”的提出为职业教育治理的理论和实践研究树立了政策指向。作为构建现代职业教育治理体系的重要内容，高等职业院校治理是提升现代职业教育体系治理能力的关键。基于高等职业院校治理现实，总结以往研究的理论与实践经验，厘清我国高等职业院校治理之维，明确高等职业院校治理改革与发展的理论思考与实践方向，对推进高等职业院校治理现代化进程具有重要意义。

1. 治理及高等职业院校治理研究

（1）立足治理的高等职业院校制度建设研究

治理的本质在于它并不依靠政府的权威来制裁。治理强调的是互相影响的行为者之间的互动，而不是通过外部权威强加的。治理的变革有赖于外部力量的推动，决策权力的设置与分配是治理的核心问题，从这个角度来讲，立足治理的制度建设是高等职业教育变革的重要外部条件。现代高等职业院校制度是适应当前高等职业院校的政治、经济和文化发展阶段，符合市场对高素质技术技能型人才需要的。现代高等职业院校制度具有现代化的特征，体现在其具有实施管办评分离、鼓励社会力量的多元参与、依法实施自主办学以及就业导向等特征。现代高等职业院校制度构建是当前我国深化教育领域综合改革的重要内容和方向，是提升现代职业教育创新发展能力的重要保障。

高等职业学校制度的制定、执行与评估是制度建设的三个方面，我国高等职业教育的复杂性特征决定了高等职业院校制度建设具有民主性、人本性和开放性，制度改革与创新重视从决策制度、人才培养制度、教学评价制度和教师聘任制度四个方面着手。推进现代高等职业院校制度建设及创新可以从三种方式着手。其一，制定和实施现代高等职业院校章程。章程是制度建设的载体，章程的制定要符合现代职业教育可持续发展的需要，关注各利益主体的利益关系，广泛吸收社会力量的参与，结合高等职业院校的办学和发展实际，维护利益相关者的利益。其二，推进校企合作制度化建设。校企合作制度化建设包括不断完善职业院校和合作企业的课程更新、订单培养、生产实训、知识共享、员工培训、顶岗实习、协同创新，制定合作办学章程，建立健全校企联合培养人才的机制，多渠道开展校企合作，比如职业院校与企业共建实习实训基地、企业进校或者校进企业等。其三，优化高等职业院校治理结构是我国高等职业院校制度建设的重要内容和基本目标，治理结构的建设和优化要遵循现代大学制度建设的基本规范。

（2）高等职业院校治理结构研究

高等职业院校治理结构研究是高等职业教育治理的核心内容，分析高等职业院校治理结构，明确其内涵和价值，是进行高等职业院校治理理论和实践研究的基础和前提。从内涵来说，高等职业院校治理结构是一个历史范畴，并没有统一、规范的内涵界定，从不同的角度来看高等职业院校治理结构，其内涵会有不同。从高等职业院校治理结构的特殊性来说，高等职业院校的内部治理结构应该不同于普通高等学校，也不同于社会组织，应该体现职业教育的特点。从公司治理的角度来看，高等职业院校内部治理结构侧重强调制度安排，尤其是所有权和经营权分离情况下的制度安排。从高等职业院校发展来看，最有效率的治理结构一定是能够满足各利益群体需求，满足高等职业院校可持续发展需要的治理结构。从内容上来说，现代职业院校治理结构包含职业院校内部治理结构和外部治理结构，二者的统一是建立新型政校关系的制度基础。从价值方面来说，高等职业院校内部治理结构的价值主要体现在两个方面：一方面，高等职业院校内部治理结构的完善是现代高等职业院校制度建设的目标，即良好的制度建设有赖于完善的内部治理结构；另一方面，建立开放、有序的内部治理结构是现代职业院校治理发展的趋势，突破传统治理模式，打破行政化的治理格局，高等职业院校自主办学才可能得到真正的落实，高等职业院校才能实现灵活治理、高效运作。

高等职业院校内部治理结构模式主要有三种。一是协同治理模式。构建多元的治理结构已经成为治理改革与发展的必然，提升治理实效，需要兼顾治理对象的特殊性和多元利益主体的组织属性，通过制度建设明确各利益主体的权责，以建立多元主体参与职业教育治理的机制，形成多元共治的治理结构。二是共识治理模式。共识治理模式是共同治理模式的进阶，我国当前的高等职业院校治理正处于从共同治理走向共识治理的阶段，共识治理模式是高等职业院校治理决策者与非决策者在对治理问题进行充分沟通、认识达成一致的前提下，进行治理决策的过程，这里的非决策者包括高等职业院校的教师、学生以及院校工作人员等。三是合作共治模式。在产业升级和社会经济转型时期，传统的治理模式弊端凸显，高等职业院校经费投入的不足、治理机制的缺位、治理主体的角色模糊以及治理制度的不合理等问题制约着高等职业院校发展，因此，高等职业院校可尝试采取“有限主导，合作共治”的模式解决上述问题。

（3）高等职业院校运行机制研究

明确高等职业院校运行机制是其治理的关键，应从分析治理实践入手，找出高等职业院校治理运行中的问题，探索治理思路与途径，为优化高等职业院校运行机制提供可行的方式。当前我国高等职业院校治理机制不够完善、不够科学，导致在高等职业院校治理中出现一系列问题，影响着治理的实效。剖析现行的高等职业院校治理机制的不足之处，是完善其治理结构的前提，也为高等职业院校的改革提供了理论和现实依据。从高等职业院校的发展与演进来看，我国高等职业院校治理结构在外部和内部都存在着问题，即外部制约因素过于明显，影响治理实践；内部治理结构过于封闭，影响治理改革与创新。高等职业院校应通过制度建设规范内部关系，建立合理的内部组织架构和内部治理运行机制等，以提升治理能力。

目前，我国高等职业院校治理理念较为陈旧，难以适应社会经济转型升级步伐，内部治理组织结构松散，治理文化内容不突出，治理难以形成合力，治理能力有待加强。治理科学性不足、规范性缺乏是由于治理权力分配不合理、治理职责权力边界模糊、治理决策不够理性而造成的治理效果低下的表现。从现实出发，积极建设中国特色的高等职业院校治理结构是职业教育现代化的要求，应通过树立现代治理理念、完善治理制度、改革机构设置、建立健全多元参与体制机制推进高等职业院校治理体系和治理能力现代化建设。

在深化职业教育改革的新时期，结合职业教育发展的实际情况，对我国职业院校治理现状进行重新审视，应在实现现代职业院校治理机制优化过程中注意以下几点。第一，如果把现代职业院校看作一个系统，则其具有耗散结构的特征。在治理中，内部系统与外部系统必须协调，通过系统内外质量之间的交换提升办学的活力，因此，现代职业院校治理结构必须体现开放性的特征，通过优化结构提升功能，提高治理体系现代化水平。第二，产权结构是关乎高等职业院校内部治理结构的重要问题，高等职业院校治理应注意产权结构的改革与完善，厘清政府和高等职业院校之间的关系，通过建立健全高等职业院校法人治理结构，形成院校治理结构内外部相互联系、相互制衡的机制，以明晰产权，促进高等职业院校成为权责明晰的独立法人。第三，多元化的资本投入有助于增强高等职业院校办学活力，应鼓励多种形式的民间和社会资本参与办学，实现办学资源的多元丰富。第四，多元利益主体积极参与治理为高等职业院校治理结构完善提供了条件，现代教育治理改革强调行业企业的积极参与对高等职业院校治理结构完善的重要作用。由此，对高等职业院校治理机制的优化可以从以下几个方面入手。首先，现代职业教育提倡“共治”“共赢”，高等职业院校治理应是利益相关者共同参与的治理，高等职业院校的治理应积极使各利益群体参与进来，治理委员会或董事会应包括各利益群体代表，以提高各利益群体的治理参与积极性。其次，利益相关者参与治理应是协调、有序的，在治理的权力、责任都清晰划分的基础上，各种力量需得到有效制衡。再次，利益相关者共同参与需要一定的条件做保障，包括制度保障、内部关系协调、政府的职能发挥等。最后，高等职业院校治理应重视制度的作用，治理中出现的问题可能是制度建设中存在的某些漏洞，通过强化制度建设以提高组织效率应是高等职业院校制度改革的重要内容。

（4）高等职业院校治理体系和治理能力现代化研究

基于教育现代化的改革目标分析，我国高等职业院校治理的实质是实现高等职业院校治理体系和治理能力的现代化。高等职业教育治理体系是现代职业教育治理体系的重要组成部分。我国职业教育治理体系现代化的目标就是从传统的行政管理走入多元共治的协同治理。从当前国际职业教育改革和治理趋势来看，职业教育治理体系现代化包括多方面的内容，比如治理政策现代化、治理体制现代化、治理标准现代化、治理监督现代化。具体而言，目前我国职业教育管理政策反映了治理的多方面"协同管理"的主线，即通过多重维度的协调一致达成治理决策。但归根结底，职业院校管理政策首先应该在价值取向上同国家治理理念保持一致，其次应该遵循教育本身的发展规律和理念，促进教育的可持续发展。

从系统视角来看，高等职业院校治理体系可以看作一个开放系统，具有现代性的特点，同时，它也是一种动力机制和学习过程，具有独特的关系模式和实现路径。基于此，高等职业院校治理体系构建应立足其治理特性，准确把握其价值协调性、制度民主性、结构开放性、实践效率性、运行规范性这五个向度。国家顶层设计亦应遵循职业教育的现代化发展理念，同时在制度体系构建上注重发挥区域组织的作用，在运行机制上强调院校的微观管理。治理能力反映治理体系的效力。高等职业院校治理能力指的是高等职业院校统筹各治理主体、各种治理主体间的关系，提升高职教育发展质量与水平的能力。高等职业院校治理能力现代化是高等职业院校借助包含制度、政策、体制机制、技术等因素在内的一系列内外部因素，提高高等职业院校治理效率与效益、提升治理实效的一种动态过程。当前我国高等职业院校治理面临着一系列突出难题，如高等职业院校治理体系与治理能力现代化之间目标差距较大；职业院校治理技术与实践手段落后，难以跟上职业教育当前发展步伐；治理主体对治理的价值认知不全面，主体参与理性不明显；治理的制度设计存在漏洞导致治理效力难以发挥；等等。基于此，高等职业院校治理应不断完善制度建设，通过设立理事会或董事会等完善治理的体制机制，积极提升院校的自主办学能力、资源配置能力和校企合作的能力等，切实推进治理能力提升。

2. 章程与职业院校章程建设研究

（1）章程的内涵

把握章程的内涵是明确章程的地位与功能的基础，是进一步深入研究章程的建设及其对治理的影响，章程的制定、实施等一系列问题的前提。

章程的内涵的主要有两种界定。

其一是将章程界定为保障学校运行的自律性、纲领性文件，强调其本身的目的、内容和性质。其强调章程对于高等职业院校发展的承上启下作用，即：一方面承接国家的法律制度，是法律的下位法，是法律在院校治理中的延伸，在本质上是一种在现实办学环境下解决内外部管理中的问题的政策文件；另一方面承接院校的规章制度，是高等职业院校自治的最高纲领，是高等职业院校内部治理结构建构的依据，是内部治理制度建设的“基本法”，高等职业院校治理和运行活动安排都需要依据章程而定。

其二是把章程制定的过程视为院校治理的利益相关者的权责划分与关系调整的过程，强调章程不仅是内部管理的依据，而且对院校的办学与自主发展具有规范性作用，强调治理中章程对治理行为，治理的基本问题，治理运行以及治理中政府、社会、院校关系等的协调与沟通。由此可以看出，章程不仅是一种内部管理、自主发展的自律性文件，还具有他律的性质，具有对其他利益主体行为进行规范的作用。

（2）章程的功能和作用

章程效能发挥的前提，就是要区别于一般的校规校纪，展现其“内部法”的效力。职业院校章程具有不同于一般院校章程的内涵，这就决定了其在治理中特殊的功能与作用。章程在现代高等职业院校的发展中具有什么样的功能、在治理中的作用是什么、如何完善章程的功能等都是关系到章程在治理中的角色和价值的重要问题。

章程的功能主要体现为三方面。

第一，推动院校发展从管理到治理模式转变。从管理到治理的转变，是现代职业教育发展的潮流与趋势，也是建立现代职业教育体系的内在要求。章程对提升办学水平具有重要的现实作用，对高等职业院校依法治理、规范治理、特色治理和联动治理具有重要意义。从法律关系上来看，管理向治理的转变、院校独立法人地位的确立和办学自主权的扩大，都需要将章程建设作为前提。高等职业院校章程建设需要格外关注三对关系——自治与监督、权力与责任、系统内部与系统外部。章程要根据院校发展特色，决定自己的风格，把院校改革与创新作为其治理的方向。在当前教育深化改革的背景下，高等职业院校治理面临双重任务：一是高等职业院校依法治校的实现，二是高等职业院校示范校的建设。二者在内容上存在很多交集，所以高等职业院校章程建设与示范校建设可以相互促进，规范院校内部治理运行。

第二，规范院校内部治理运行。从现实角度来看，高等职业院校要实现自主办学、自主管理，必须要有院校章程。章程是规范学校内部权力机构及人员的律例，章程建设是确保学校成为自治、自主、自律主体的关键。从行政法视角来看高等职业院校章程，其应该遵循两个原则：一是行政合法原则，即章程的内容应该符合我国法律法规的既定要求，不可违背法律意旨；二是章程的制定应该体现高等职业院校自身的个性，具有合理性。

第三，协调院校发展内外部关系。协调好院校发展的内外部关系是院校协调、可持续发展的必然要求，章程是院校治理的“软法”，它理顺了院校内部各利益相关者的权利与义务关系，通过协调使主体产生互动，生成治理的有效秩序，构成了开放的自主治理结构。就具体关系而言，章程的制定明确了三组关系，即党委和行政的关系、学术与行政的关系，以及学校和学院的关系，促进了院校管理的进一步科学化、规范化。需要着重强调的一点是，在我国高等教育系统中，高等职业院校作为实施高等教育的主要阵地，具有高等院校的一般属性，其章程体现高等职业院校的法治性要求，然而从长远发展来说，这并不是完善的。因此，除此之外，高等职业院校章程还应关注院校发展的内在规定性，体现院校作为可持续发展的一个组织群体的内涵要求，做到法治性要求与内涵式发展要求相统一。

（3）章程建设的发展与现状

从历史角度来考察章程形态是认识章程由来与发展的重要途径，对了解章程全貌、进一步观察章程的演变具有重要意义。我国大学章程的最初形态可以从《管子·弟子职》中找到，其对弟子的一些职责描述呈现了章程的最初模型。而相对独立的章程为起源于唐朝兴盛于宋朝的书院院规或者训示，比如比较著名的《白鹿洞书院揭示》，此时的书院院规已经基本具有现代大学章程的形态。我国真正意义上的第一个正式的大学章程应该是京师大学堂的《京师大学堂章程》，其基本内容呈现了现代大学章程的基本要素，奠定了现代大学制度建设的基础。由此，我国大学章程随着高等教育的不断发展而发展，并逐渐演变成具有时代气息的现代大学章程。

分析现状是把握未来发展方向的前提，章程建设的现状可以从章程的制定主体、制定方式、原则和内容以及问题等方面综合分析。首先，章程制定的主体关系到治理权力的分配问题，是关乎高等职业院校内部治理结构的关键，章程制定的主体应该是单一主体还是双主体或者多元主体是值得讨论的问题。单一主体是指由院校的主办者来制定章程，我国公办高等职业院校的主办者是政府，也就是说，章程应该由政府来制定。双主体是指章程的制定主体应该包括院校的办学者与举办者，这首先就要求院校的办学者与举办者是分离的。多元主体是指章程应该由与院校发展相关的各利益主体共同制定，这是现代职业教育治理的趋势所在。其次，章程的制定具有不同的方式，比如由立法机关审议通过，院校内部通过后在教育主管部门核准备案或者由政府直接颁布，等等。章程应该经过规定程序制定，确保其规范作用，明确其治理地位，实现章程的法规化，才能有效地发挥其治理效能。再次，自治是院校发展的内在要求，因此，制定章程要遵循保障自治权的原则，保证教育教学和科研的自主性。同时，章程不仅要满足相关法律规定，具有合法性，还要符合教育教学规律，具有教育合理性，这是教育发展的内在要求。最后，章程“失效”等问题严重制约着章程的治理实效功能。“章程现象”是章程在趋同和在治理过程中失效的现象，这是由于高等职业院校章程建设存在着“先天”与“后天”的不足，导致高等职业院校章程的功效存在“应然”与“实然”的冲突。目前职业院校自治中存在程序规范性不足的问题，主要表现为制度规范的不完善、民主参与的不足、制度不够公开透明等，解决这些问题，破解“章程现象”，需要实施文化引导，加强纪律建设，变革监督机制，增强章程时效性，提高认识，培育法治思维，通过制度建设来实现高等职业院校治理的整体推进。

（4）制约章程建设的因素分析及其应对策略研究

高等职业院校章程连接国家教育法律和学校的规章制度，具有合意性、自主性和程序性特征。针对我国高等职业院校章程的现状，分析影响章程建设的制约因素，是探索治理策略、提升治理实效的重要条件。从影响因素来分析，制约高等职业院校章程制定和实施的因素有依法治校意识淡薄、法人制度不健全以及对章程建设的理论研究不充分等，基于此，可以从章程建设的外部和内部条件两方面来探索章程建设的未来路径。

首先，外部条件指的是章程建设的外部环境，包括章程建设的制度环境和顶层设计等。从制度建设上来讲，教育主管行政部门应转变传统的管理方式，为院校按照章程治理提供良好的制度环境，具体可从变革行政制度、完善法人财产权制度和完善法律法规三个方面推动高等职业院校制度建设，进而加强宏观调控，强化治理正当程序。从章程制定上来讲，章程制定应凝聚共识、立足现实，协同创新、面向未来。实质上，章程是现代教育改革的结果，章程制定过程即教育改革的过程。因此，章程的制定不仅要关注改革的过程，还要注重成果规范，实现二者的统一；同时在制定过程中，要重视充分协商、前期多样和后期规范三个方面的问题。从章程执行的角度讲，提升章程的执行力要关注治理与权力的关系，以及治理制度规范与治理文化塑造的关系。

其次，内部条件指的是章程建设的内在动力。从治理内涵来说，章程建设需要具有创新性，满足院校发展的个性化需求。从治理主体角度来讲，章程的制定是关乎治理整体过程设计的，需要各利益主体的广泛参与，这样做是为了达到两种目的：一是发挥章程的权威性，实现章程对院校治理的约束性，使治理各方利益诉求具有充分表达的机会；二是实现高等职业院校内部治理权的平衡，实现治理多元权力的机会平等与责任共担。基于此，章程的建设有必要规定实施细则，并监督章程实施的过程，确保其规范性。

章程建设不是一蹴而就的，而是一个系统的过程，需要各方面提供助力和条件，从外部提供良好的制度和政策环境，从内部增强章程建设的内在活力，共同促进章程建设的改革与完善。

（5）国外大学章程建设研究

国外大学章程的形成要从欧洲中世纪大学说起，当时的大学自主管理权是由教皇或国王颁发特赦令、特许状赋予的，且大学的自主管理权力非常有限,之后随着大学学术自由和摆脱控制的要求愈发强烈，特许状逐渐演变成之后英、美等国家的高等职业院校章程。但不管大学如何发展，各国的高等学校章程的形态如何、名称如何变化，其实质都是根据高等学校设立的特许状制定的，是由学校的最高权力机构或组织在教育法律允许的范围内，制定的关于高等学校组织管理的基本规定和治校纲领，体现了高等学校的办学特色。

从不同的维度来看，大学章程有不同的分类。从内容来看，大学章程可以简单地分为单一章程和复合章程。单一章程指的是大学由学校权力机构制定单一的总纲领来统一管理，复合章程指的是基于大学事务的繁多复杂，大学章程一般由一个总纲领和一些实施细则构成。从大学内部权力配置的维度来看,现代大学章程可以分为盎格鲁-撒克逊传统、罗马传统和社会主义传统大学章程三种类型。从功能和地位来分析，在不同的国家，章程都同样展现出其对大学治理的作用，比如：章程体现了对学术追求的重视，对学术权力的规定，对大学社会职能的规定；章程明确了大学的自治地位，明确了大学治理的运行机制；章程体现了相关院校在体制改革条件下对自治权的自我规范；章程在效能上具有权威性，明确了校内校外的关系。

总的来说，国外大学章程建设发展历史悠久，随着大学自治权的落实，章程的执行力逐渐完善，在章程的执行主体、权力分配、程序与监督机制等方面形成相对完善的体制机制，在一定程度上保障了大学的组织内生与持续发展。

3. 契约理论研究

（1）契约的概念

不同学科和社会领域内契约的广泛应用体现了契约精神在经济、社会范围内的实践拓展。从社会学视角来看，法学家麦克尼尔（Macneil）提出“关系契约”的概念，拓展了人类社会对契约的理解和认识，为契约理论的进一步发展提供了新的理论思考角度。他把契约看作契约双方或多方社会关系的表征，强调社会关系在达成契约中的作用。奥利弗·E. 威廉姆森（Oliver E. Williamson）关注制度环境和制度治理的作用，他关注经济组织的制度治理问题，认为关于制度治理的任何问题都可以用契约来进行阐述或重新解释，强调契约关系的治理。不同的是，让·米歇尔·格拉尚（Jean Michel Glachant）把契约看作一种协议或者一种关于交易的承诺，强调契约双方的关系的协调。除此以外，还有学者认为，从公共治理的视角来看，契约代表的是签约双方关于物质资源或治理资源的权力配置的约定，是对资源所有权、使用权和归属权等相关权力的归属划分，强调资源的可利用和可治理性；从公司治理视角来看，契约是一种合约关系的确认，是为达成治理目标的有关合约双方权责的监督与制衡的制度安排，关注的是合约关系下的治理利益最大化。从不同学科角度进行综合考察可以看出，契约关注两点：其一，立足交易目标，确定契约的目的是达成交易；其二，强调契约关系，不管是公共治理还是公司治理，契约关系都是契约制定的核心内容。

（2）不完全契约理论研究

契约理论主要关注的是特定环境下交易双方的行为与结果，这种行为主要指的是交易双方的经济行为。由于现实交易复杂、多变，不同侧重点的契约理论开始形成并运用到经济学、管理学和其他社会生活领域，对人类社会不同类型的经济行为和结果作出解释，比如激励理论、不完全契约理论和新制度交易成本理论。在现代社会经济条件下，契约理论成为发展最迅速的理论之一，市场经济的发达促进了契约理论的整合与发展。同时，取代传统的代理契约理论，不完全契约理论以其蕴含的现代意义交易关系成为现代契约理论的核心，是解释公司治理的主要理论工具。

关于契约的不完全性的解释是不完全契约理论的关键内容。从根源来追溯，契约不完全性最早出现在罗纳德·H. 科斯（Ronald H. Coase）1937 年《企业的性质》一文中，他认为契约条款之外的例外是客观存在的，人类不可能预测到有关未来的所有状况，所以契约时效越长，例外发生的可能性也就越大，契约能够全面执行的可能性就相对越小。①之后，不完全契约的产权学派延续和发展了不完全契约理论，通过建立所有权-控制权模型（GHM 模型）分析了契约不完全性形成的原因，指出契约的不完全是不可避免的，强调契约的不完全指交易双方和第三方之间因信息不对称而形成的决策者对未来的不完全预期。从契约双方关系来看，大多数契约对雇员责任的规定范围要超出现实中的情况，现实的无法预料导致契约与具体工作任务无法完全匹配，这样的契约可以形容为不完全契约。威廉姆森指出，有三个因素导致了契约的不完全：其一，人的有限理性的存在决定了有关交易的未来所有可能的应然状态不可能被完全预料；其二，即使交易双方可以预见到未来所有可能发生的状况，将其完全准确且无争议地纳入契约中也存在困难；其三，假定关于交易的所有信息都是可观察的，但是对于诸如仲裁者或法庭等的第三方却是不可考察的。在新制度经济学中，不同经济体系下的每个人的有限理性是契约的不完全性产生的根源②，其强调了参与契约的每个个体的有限理性，而非特定

① Peter Benson. The Expectation and Reliance Interests in Contract Theory: A Reply to Fuller and Perdue[J]. Issues in Legal Scholarship, 2011, 1 (1).

② Christopher C. Rosen, Chu-Hsiang Chang, Russell E. Johnson, Paul E. Levy. Perceptions of the organizational context and psychological contract breach: Assessing competing perspectives[J]. Organizational Behavior and Human Decision Processes, 2008, 108 (2).

个体。

（3）契约的治理机制研究

制度治理就是对契约关系的治理，契约治理机制的关键在于契约的履约承诺。基于契约不完全性的存在，履约承诺具有现实实现的可能性：一方面，交易双方机会偏好的倾向往往导致自我履约难以实现，但交易双方可以根据现实条件对契约的履行结果进行预测，通过完善契约设计来缓解或解决契约的不可履行状况；另一方面，未来的不可确定性决定了契约的完全化、最优化难以实现，这同样也使得契约中的不可证实信息可以通过谈判机制来实现①，也就是说初始契约的不完全性并没有抹杀现实履约状况的可考察性和可修改性，这给现实履约提供了有利条件。

契约的执行是实现契约价值的途径，契约有两种履约方式：一种是通过法院按照契约的条文规定履行；另一种是按契约的隐藏本质来执行，也是包括法院在内的第三方难以完全执行的。本杰明·克莱因（Benjamin Klein）认为要实施基于市场力量的自我履约机制，即通过重复购买和终止合同的惩罚机制来实现对交易双方进行控制的自我履约机制。除此之外，完全契约学派认为，可计算的契约成本为契约的可行性提供了条件，交易双方可凭借动态规划能力在事前制定有关交易的最优化契约，有利于交易人作出最优的专用型投资决定。

4. 已有研究简评

从总体来看，对我国职业教育治理的研究是在 2000 年之后开始的，与一般的高等教育治理问题相比，关于我国高等职业院校治理的研究虽起步较晚，但仍产生了许多具有理论和实践意义的研究成果，为本书提供了有益参考。

第一，关于治理和高等职业院校治理的研究是本书获取经验事实、发现研究核心问题的重要基础。有关治理的理论奠定了本书的基本理论，有关高等职业院校制度建设的研究反映了我国高等职业院校制度

① Kirsten Foss, Nicolai J. Foss. Theoretical isolation in contract theory: suppressing margins and entrepreneurship[J]. Journal of Economic Methodology, 2000, 7 (3).

建设的现状，为从制度上把握治理问题指明了方向。关于高等职业院校内在治理结构的研究是相对较多的，为了解我国高等职业院校内部治理特点及其改革路径提供了理论借鉴，也是本书的重要内容支撑。有关职业院校治理体系和治理能力的研究，对我国高等职业院校治理推进提出了一些创新性的观点，国外大学的治理研究也为本书提供了治理的国际视野，为治理策略的探索与改进提供了有益的国际经验。

第二，关于章程和高等职业院校章程的研究为本书提供了关于章程建设的较为全面的文本和理论资料，是本书进行核心概念厘定和基于章程的治理问题分析的重要依据。已有研究阐述了章程的丰富内涵，在不同视角下分析章程的概念、价值、功能和作用，为章程与治理关系的分析提供了有力依据，特别是关于高等职业院校章程的研究，为本书探讨高等职业院校章程治理的价值奠定了理论基础。对有关高等职业院校治理现状的研究奠定了本书的现实基础，关于制约章程建设的因素和应对策略的研究为本书在契约理论视角下分析章程制定和执行、实施的不足提供了理论支持，也是本书的重要立足点。

第三，关于契约理论的研究，是本书分析基于章程的高等职业院校治理问题的重要理论基石。其通过分析契约的概念为契约与章程的内在一致性奠定了基础，对关于契约的基本理论和发展的文献的梳理为契约的不完全性分析提供了理论基础，对契约的治理机制的探讨为基于契约的高等职业院校治理奠定了探索方向，为治理的进一步改进提供了理论帮助。

丰硕的研究成果从不同的方面为本书提供了借鉴，奠定了本书具体开展的理论和实践基础，但在文献梳理的过程中笔者发现已有研究存在着一些问题和不足。

首先，高等教育治理的研究在我国起步较晚，特别是关于高等职业院校治理的研究还不多。当前的研究主要是从宏观的高等职业院校治理的制度建设和完善治理结构的侧面来把握的，而基于院校“基本法”即章程的本质来谈治理问题的研究尚不多见。

其次，对高等教育公共治理的探讨缺乏针对治理问题归因的深入挖掘，对高等职业院校章程的分析缺乏与现代治理理念的结合，治理问题凸显与制度安排设计的适切性缺乏使得我国现代大学制度建设改革缺少针对性的理论与实践经验借鉴。

最后，从已有研究成果可以看出，国内学者对高等职业院校治理问题的讨论大多集中于内部治理结构和治理模式、方式上，而在深入剖析我国院校治理本质及其治理机制的基础上针对治理问题本身的研究较少。基于此，立足实践问题，运用多元化的研究方法，全面、系统地分析基于章程的高等职业院校治理运行机理，进而探索高等职业院校治理改进策略，是研究者应该努力的方向。

1.3 问题提出、研究内容和研究目的

1.3.1 问题提出

1. 政策视角：高等职业教育创新发展提升质量的要求

作为一种与经济发展互动紧密的教育类型，职业教育越来越受到国家重视。尤其是近年来，经济的高速发展对职业教育质量提出了新的更高的要求。党的十七大提出“大力发展职业教育，提高高等教育质量”，是对我国高等职业教育质量发展的战略指引，要求高等职业院校从规模化发展转变到注重质量的内涵式发展。2010 年，《国家中长期教育改革和发展规划纲要（2010—2020 年）》将现代大学制度改革试点建设列为教育改革的重要内容，并指出高等学校应通过加强章程建设，依照章程管理学校。2011 年发布的《高等学校章程制定暂行办法》提出要建立完善的高等学校的内部治理结构，以制度的创新与完善来提升治学的质量。2015 年，《高等职业教育创新发展的行动计划（2015—2018 年）》发布，提出为了推动现代职业教育体系的完善，希望通过 2015—2018 年三年的努力，提高高等职业教育实力，提升高等职业教育的人才培养质量。同年，教育部还发布了《职业院校管理水平提升行动计划（2015—2018 年）》，指出要用科学化、规范化的管理工作来保障职业教育的改革与发展，进一步提升职业院校的管理水平和

质量。通过一系列的政策倡议可见，改革高等职业院校管理、提升高等职业教育质量已经受到了国家的重视，在当前已经成为职业教育亟待解决的现实问题，关系到整个现代职业教育体系建设。那么，作为实施高等职业教育的主要阵地，高等职业院校的内涵式发展的指标是什么？在治理现实中，高等职业院校需要怎么做才可以做到创新发展？如何通过制定章程、改革治理结构，提升高等职业教育的管理水平？要实现高等职业教育创新发展、提升质量，首先要认识、解决这些问题，为我国高等职业教育可持续发展奠定基础。

2. 理论视角：高等职业院校章程之契约本质及其治理价值追问

章程作为高等职业院校内部治理的依据，也是高等职业院校自主管理的最高纲领，为院校的内部治理明确了定位和指明方向。在现代教育改革的大背景下，高等职业院校的章程建设成为现代职业教育治理的重要内容。由于现代职业教育治理的多元化、复杂化的特点，基于章程的高等职业院校治理不仅需要考虑现实的政策和发展要求，还要明晰治理的理论依据。章程如何体现契约本质？在高等职业院校治理中，章程发挥什么作用？其治理价值如何体现？章程推动高等职业院校治理的行动机理是什么？在本书中，这些理论问题贯穿始终，成为研究的基础和核心问题。只有先解决了这些理论问题，才能进一步了解高等职业院校章程，为高等职业院校治理指明方向。了解高等职业院校章程治理的实质、把握高等职业院校治理运行的机制，并基于现实需要探索治理改进路径，为高等职业教育的改革与发展提供有益的参考，为职业教育改革的规范化发展提供理论依据，也是本书尝试实现的理论研究价值所在。

3. 现实视角：高等职业院校依法自治的现实诉求

党的十九大报告提出了深化教育改革的时代要求，涉及教育各个领域、各种分界之间的治理，由此，依法治校、自主管理成为高等职业院校寻求法治路径促进职业院校可持续发展的现实要求。近年来，高等教育规模的迅速扩张、院校依法自治的强烈愿望及高等职业院校制度的不断完善都显示出我国高等职业教育发展的空间和基础力量比较大。但同时，在职业教育治理现代化进程中，高等职业院校在制度建设、内部治理结构和信息化治理等方面依然问题突出，严重影响着高等职业院校治理实效。为适应国家经济社会转型升级的需要，高等职业院校的办学、人才培养等问题需要适应时代要求。那么究竟高等职业院校治理中存在哪些问题，需从哪些维度分析导致这些问题的原因？解决这些问题需要从哪里着手？作为高等职业院校的“内部法”，章程是高等职业院校治理的依据，高等职业院校章程建设是贯彻实施“依法治教”思想的重要内容，是对现代职业教育法治化路径的崭新探索，故章程在治理中的作用该如何体现？如何通过章程建设来实现院校的“依法自治”？这些问题都需要研究者在理论基础上作出进一步的现实分析，为问题的解决打下基础。

1.3.2 研究内容

本书的深入开展是建立在专题研究的基础上，将研究内容细分为五个专题，以问题为中心，围绕治理的理论与现实进行详细的分析和论证。本书侧重研究的条理性和逻辑性，同时也在把握整体的研究脉络上，使各部分联系紧密。具体来说，主要有以下内容。

专题一：市场、政府失灵和院校自治经验之鉴

此专题旨在通过分析市场、政府失灵和院校自治三者之间的关系，明确基于章程进行院校治理的理论基础，分析市场、政府失灵对治理的影响，为后续的理论分析打好基础。本专题的研究重点聚焦于：有哪些理论为高等职业院校治理提供参考？这些理论对治理产生的影响是什么？它们是如何运用到治理实践中去，又是如何为治理服务的？这些经验为我国高等职业院校治理提供了哪些理论和实践经验，又是如何体现的？

本专题主要介绍了治理的相关理论，点明由市场失灵导致资源配置的非理性，从而得出政府参与治理具有必要性的论点；由政府失灵导致资源配置低效化得出政府干预治理必须“有限”的论点；由院校自治的“各自为阵”状态得出院校治理必须是“有法可依”“有章可循”的，即院校治理必须是基于章程的治理。

总体来说，本专题通过分析市场和政府失灵的原因和表现，总结

院校自治的经验，为我国高等职业院校的治理打下基础，在历史研究的基础上，论证基于章程的我国高等职业院校治理的法治归向。

专题二：契约治理——基于章程的高等职业院校治理之义

此专题主要集中论证基于章程的高等职业院校治理本质，研究重点为：高等职业院校章程对治理的规制性体现在哪些方面？为什么要基于章程进行高等职业院校治理？章程治理的价值是什么？基于章程进行治理的选择是基于怎样的考虑，其合理性体现在哪几个方面？

本专题的研究依赖于治理理论与实践的发展，系从现代高等职业教育区域性、实践性和开放性的基本属性出发，分析治理的缘由，明晰契约对高等职业院校的规制性体现于契约权威规定治理规则、契约合意规制治理关系、契约内容规制治理内涵，进而论证了高等职业院校治理的合理性。基于章程的高等职业院校治理研究应关注两点：一是基于章程的治理，二是高等职业院校治理。通过对比一般高等职业院校治理和普通高校治理，得出其治理价值所在：契约团结，程序公正，利益分担。基于以上分析，可以看出基于章程进行治理存在着契约赋权的社会合理性、契约实施的合法性、契约执行的可能性以及契约规则优化的可能性。在条件前提下，基于章程的高等职业院校治理选择是契约治理的理性旨归。

专题三：基于章程的高等职业院校治理失序困局

此专题立足于现实，主要揭示了基于章程的高等职业院校治理困局，并基于治理实践，提出以下问题：基于章程的高等职业院校治理应该是什么状态？基于章程的高等职业院校治理存在什么样的问题？造成现实中这样问题的原因是什么？

本专题是基于高等职业院校治理的现实状况进行的研究：通过访谈和调查了解我国高等职业院校治理的现实，基于高等职业院校治理的应然状态，对比分析我国高等职业院校治理现实在制度建设、体系、目标等方面存在的问题，并从契约的实施、契约的规制、契约主体的参与度、契约执行四个方面具体剖析治理失序的原因，进而在了解现实的基础上，为进一步阐释高等职业院校治理的运行机理打下基础。

专题四：契约的制度化过程——基于章程的高等职业院校治理运

行机理

此专题主要揭示了基于章程的高等职业院校治理运行机理表征为契约的制度化过程。专题的具体研究主要围绕以下几个问题：基于章程的高等职业院校治理是如何运行的？契约治理的前提和基础是什么？高等职业院校的内部治理结构本质是什么？现存什么问题？在治理过程中，如何推动章程建设机制转型，以及治理该如何保障？

本专题研究通过分析我国高等职业院校内部治理结构本质，即使利益相关者参与治理的权力博弈，剖析内部治理结构中现存的治理结构封闭、治理权力边界不明及民主权利缺位等问题，探索高等职业院校契约治理的运行逻辑，以契约的制定、实施和评估的过程来阐释治理运行的机制，推动章程建设机制转型，构建治理的多重均衡模式。在治理保障方面，通过治理的民主权利“合法”参与治理和民主权利监督制度的完善两方面来为高等职业院校治理提供民主权利监督保障。

专题五：基于章程的高等职业院校治理改进思路

此专题是在基于章程的高等职业院校治理的历史和现实的基础上，探索基于章程的高等职业院校治理改进思路，目的在于理清以下问题：如何在了解治理现实的基础上，对已有的治理问题进行改进治理？改进治理现状需要通过哪些途径来解决？良性治理的走向应该是什么，具体需通过哪些可操作性的措施来实施？

本专题的研究是在前几章的基础上，在理清治理关系和治理思路的前提下，在善治理念的指导下，在不断修改和完善契约规制的基础上，通过提供制度约束、厘定治理的体系、注重监督评价等多维度调整和改进治理实效，旨在以治理的质量效益、民主化治理水平、改进治理实效为指向来实践治理措施，以治理“有序”为目标，达成善治正义。

1.3.3 研究目的

1. 学术目的

（1）解释本书涉及的包括“治理”“章程”“高等职业院校治理”

“高等职业院校章程”“契约”等核心概念，了解作为高等职业院校“内部法”的院校章程所应蕴含的现代职业教育治理价值取向，剖析章程治理本质，论证高等职业院校治理和高等职业院校章程之间的关系，从而为高等职业院校章程建设及院校治理提供建议。

（2）把握高等职业院校章程治理实质，论证章程对治理的规制性以及基于章程的高等职业院校治理的合理性，解释契约治理的题中应有之义，为探索高等职业院校治理路径打下基础。

（3）论证高等职业院校治理运行之契约的制度化过程，弘扬契约精神，揭示高等职业院校治理运行机理，揭示高等职业院校治理的基础是内部治理结构，论证内部治理结构本质是利益相关者参与治理的权力博弈。

2. 实践目的

（1）对比基于章程的高等职业院校治理“有序”的应然状态，剖析基于章程的高等职业院校治理“失序”的现实问题，分析其治理“失序”的制度虚化、自成体系以及目标异化等原因，为高等职业院校走向善治提供依据。

（2）基于高等职业院校内部治理结构现存问题，提出高等院校内部治理的基本原则，以完善高等职业院校制度建设、指导高等职业院校治理实践，为高等职业院校治理提供咨询。

（3）立足目前高等职业院校存在的治理问题，以走向质量效益、治理多元为治理目标导向，提出具有实际操作价值的基于章程的高等职业院校治理改进建议及思路，为基于章程的高等职业院校治理提供指导，同时也为高等职业院校评价提供有益参考。

1.4 研究思路、方法与技术路线

1.4.1 研究思路

本书根植于高等职业院校治理的法治导向，从“治理”“章程”“高等职业院校章程”“高等职业院校治理”等基本概念入手，分析了现代高等职业院校治理所面临的主要问题，剖析其产生原因是表征契约的高等职业院校章程建设的不完全性，进而探究基于章程的高等职业院校治理的运行机理，尝试找出基于章程的高等职业院校治理的改进思路。

本书主要以核心理论为基础，从历史和现实经验→理论基础→现实剖析→机理探寻→改进思路的逻辑顺序，以问题为中心推进课题研究进程。

第一，从研究蕴含的核心问题出发，探索其涉及的核心理论，明确界定与问题相关的核心概念内涵及概念之间的逻辑关系，发现核心问题及其相关问题的基本学术逻辑，并从纵横两个方面获取与高等职业院校治理相关的历史和现实经验。相关领域的学科知识和理论，为研究所涉及的基本理论提供了丰富的佐证，为进一步深入研究打下基础。本书通过考察国内外市场失灵、政府失灵和院校自治的历史和国际经验，收集国内外的职业院校和高等职业教育治理实践材料。

第二，立足我国高等职业院校治理现实的需要，在明确了围绕核心问题及其相关问题研究的学术逻辑的前提下，论证契约对治理的规制性，分析契约治理的合理性及其价值，并以此为基础构建基于章程的高等职业院校治理的理论和概念框架，探究我国高等职业院校的章程治理之义。

第三，围绕研究的核心问题，剖析我国基于章程的高等职业院校治理现实。所有的理论探索都是基于对问题的研究，在揭示内部治理结构本质的前提下，剖析我国高等职业院校内部治理结构现存的问题，并分析其原因，在积累经验事实的基础上，分析我国基于章程的高等职业院校治理困局。

第四，将研究的核心问题化整为零，形成与高等职业院校治理直接相关的问题并搜集反映这些问题的经验事实，以此为基础尝试探索我国高等职业院校治理的运行机理，提出高等职业院校治理运行实际是契约的制定、实施和评估过程，依赖于契约规制的多重均衡，并在此基础上提出探索建立治理的民主权利监督保障机制。

第五，构建方案框架，提出治理改进思路及策略。构建方案框架主要满足两个方面的要求。一是基于核心研究问题，研究所提出的改进思路是针对我国高等职业院校治理“失序”难题，所提出的改进策略要有益于改善现实的治理问题，能够真正促进治理“失序”到“有序”的转变。二是研究所提出的治理策略是具有现实实现的可能性的，是能够真正实现理论联系实际的，是有益于治理实践的探索方案。

贯穿本书的基本线索是：要明晰我国高等职业院校治理运行机理，就必须了解我国高等职业院校治理的现实问题，进而从其存在的问题中总结原因；构建满足高等职业院校治理需要的院校章程，需要明确院校章程与高等职业院校治理之间的关系；针对章程治理的现实问题，尝试探索章程治理的改进路径；以高等职业院校良性治理为前提，契约的规制要满足高等职业院校治理的现实需要。

从研究整体来看，构建基于章程的高等职业院校治理研究方案框架主要围绕两个中心问题展开。第一个问题：基于章程的高等职业院校治理有何问题？解决这一问题要理清基于章程的高等职业院校治理之义为何，高等职业院校章程与院校治理之间的逻辑关系，以及基于章程的高等职业院校治理运行机理。第二个问题：基于章程的高等职业院校治理该如何改进？或者说如何实现高等职业院校治理良好有序？以问题为中心进行研究是本书贴近治理现实、始终立定研究主题的前提，也是达成研究目的的基础。

本书基于契约理论对研究问题进行剖析，揭示贯穿始终的一个核心研究假设：章程是治理关系性规则的集合与表征，基于章程的治理本质是一种契约治理。在提出研究假设和论证研究假设的过程中，本书围绕中心问题，勾勒出明确主线。

1.4.2 研究方法

1. 文献研究法

文献研究法是学术研究的一种最基本、最常用的研究方法，即通过梳理文献资料认识历史与现状，掌握所研究问题的全貌。本书通过梳理高等职业院校治理研究方面的前沿成果，找出已有研究和现有认知或假设的相同点与不同点，探索可以进一步深入研究的问题和领域。本书利用学校、学院以及社会资源收集整理了与研究相关的国内外资料文献数百种，为本书奠定了有力的理论和实践支撑。作为现代大学制度建设中不可忽视的重要内容，关于章程建设的内涵、功能和作用，现状及问题等问题的讨论，也对本书构建概念框架，分析核心问题有着重要启示。

2. 文本分析法

文本分析方法是在释义学、现象学等学科基础上建立起来通过分析文本来理解事物本质的研究方法。它通过分析文本的内容、语境等挖掘文本背后隐藏的价值关系及文本背后的动机和效果。本书通过网络等渠道收集了2000年以来我国关于职业教育、高等教育、高等职业教育、高等职业院校发展及其治理，以及有关国内外章程建设的相关文献资料与政府文件，为准确把握治理及章程建设的历史与现状、未来的发展趋势与方向提供了充分、有力的参考与支撑。除了对政策文本的分析，本书还选取了不同高校、不同地区的院校章程作为主要研究对象，通过对其文本内容的解读来了解章程在教育发展、高等教育发展及高等职业教育治理中的地位和作用，把握其角色和功能定位，并结合各国章程建设的经验，为分析我国高等职业院校的章程价值以及章程建设提供借鉴。

3. 调查研究法

在对不同途径、不同方式得到的文献进行梳理、分析的基础上，根据研究主题，本书采取了调查研究的方法来了解高等职业院校治理的现实情况，通过实地调查、电话、微信、邮件访问等多种方式考察高等职业院校的治理实际。研究调查得到被调查高等职业院校管理者、行政和教学人员及学生的支持，他们同意并积极配合调研，为研究提供了最可靠的资料支持。

1.4.3 技术路线

基于章程的高等职业院校治理研究技术路线如图1-3所示。

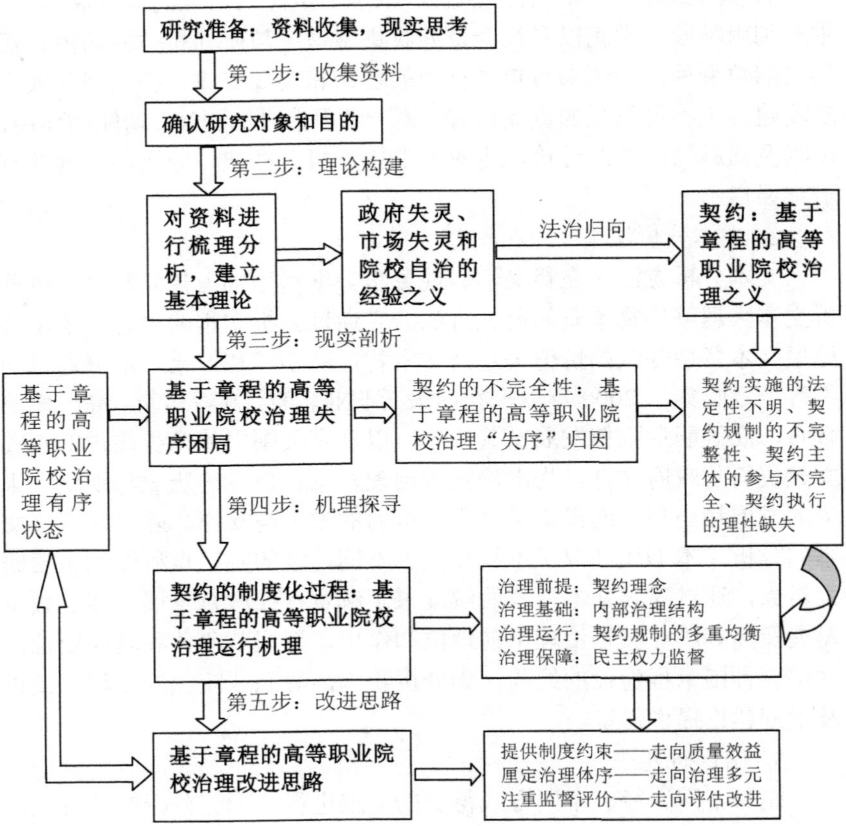

图 1-3　技术路线图

1.5 可能的创新之处

在国家深化教育改革、推进职业教育治理体系和治理能力现代化的背景中，本书尝试以契约理论视角论证基于章程的高等职业院校治理之义，并结合治理现状，剖析治理问题及其归因，立足治理现实需要，尝试提出高等职业院校章程治理的改进策略，为我国高等职业院校治理实效提升提供有益的理论和实践参考。

围绕选题，本书的创新点主要体现在两个方面。

第一，研究视角选取层面上的创新。这主要包括两点。一是研究理论视角的创新。关于高等职业院校治理和章程建设的研究大多从管理学、社会学等视角进行阐述分析，本书选择以契约理论为视角深入分析、论证基于章程的高等职业院校治理，与当前职业教育改革倡导的善治和公平正义理念相契合，能够有力地推动我国高等职业教育体制机制创新。二是选取研究中心主题的创新。关于高等职业院校治理的研究大多集中于高等职业院校治理内部治理结构及校企合作治理等单一层面的研究上，并不涉及治理的深层本质挖掘。本书则在深入剖析章程与治理之间的关系，以及章程对治理的规制性的基础上对基于章程的高等职业院校治理运行机理及改进思路进行思考与探索。选取章程作为治理的基点是本书主题方面的创新。

第二，研究内容方面的创新。本书在研究内容上具有创新性，主要体现在以下两方面。一是以章程的契约本质作为研究的切入点和基本假设，并以此来论证基于章程的高等职业院校契约治理实质以及基于章程的高等职业院校治理运行机理。二是从契约的不完全性来分析基于章程的高等职业院校治理“失序”的原因，之后从契约的实施、契约规制、契约主体的参与度、契约执行等维度来进一步阐释。

1.6 本章小结

本章主要围绕“高等职业院校治理”“章程”及“契约”的概念界定，厘清其价值内涵和概念关系，为后续研究做好铺垫。文献综述主要从治理及高等职业院校治理研究、章程与职业院校章程建设研究以及契约理论研究三个方面对研究现状进行全面分析。文献研究表明，关于院校治理及高等职业院校治理理论正逐步走向完善，高等职业院校体系建设及其研究仍处于上升发展时期。据此，基于对研究概念的界定，本书以高等职业院校治理的相关问题为主线，进一步探讨与院校治理紧密相关的市场、政府与院校治理的关系，分析和提炼出本书的研究核心问题和方向。

第二章　市场、政府失灵和院校自治经验之鉴

从“管理”走向“治理”是我国高等教育政策的重大转变，代表着我国教育治理方略的转型。治理是公共权威以实现公共利益为目的而进行的管理活动，治理的本质是一种权力分配。根据克拉克的“三角形理论”，权力作为维持与整合、改造高等教育系统的核心要素，根据形式不同可以归纳为市场、政府和院校三种权力，市场、政府和院校三种权力的不同配置使高等教育系统达到一定程度的平衡，形成不同的高等教育治理模式。然而，治理现实中，市场失灵、政府失灵和院校自治实践不当却导致了教育资源配置的不合理，造成治理乱序，影响了高等教育系统的内部运行及平衡。基于此，对市场、政府和院校三种权力作用进行深入分析，对了解高等教育治理实质、把握高等教育治理理性归向具有重要的现实意义。

2.1 市场失灵：资源配置失当

萨缪尔森认为，市场失灵是指价格体系的不完备性，它阻碍资源的有效配置。那么，何为市场失灵？市场失灵与资源配置又有何关系？从概念上来说，在经济学中，资源配置指的是通过一定的方式把有限的资源分配到社会生活的各个领域中去，资源的稀缺性决定了资源要合理配置才能被最佳利用，即要用最少的资源消耗来实现最佳的资源利用效益。如果资源可以得到合理配置，那么经济的效益就会提高。

在市场运行机制下，企业与市场进行直接联系，市场基于企业之间的竞争实现生产要素的合理配置。新古典经济学理论认为，市场并不是万能的，市场机制作用下有可能产生社会供给与社会需求的不平

衡，导致资源配置失当，进而产生市场秩序混乱，这就是“市场失灵”。导致市场失灵的原因有很多，但基本可以归纳为三个方面：一是市场机制组织与控制公共产品供给的无力；二是市场集体的非理性行为；三是市场的自发性与治理秩序失衡。

2.1.1 市场机制组织与控制公共物品供给的无力

公共物品是与私人物品相对的一个概念，指的是可以供整个社会的成员共同享用的物品。凡是公共物品在严格意义上都具有如下两方面的特征。

其一，公共物品具有非排他性。非排他性是指某一个体在使用或消费公共物品时，并不排斥其他个体使用或消费这一公共物品。此中含义包括两点：第一，个体或他人使用或消费此公共物品的权利是平等的，没有地位高低和次序之分，且使用者之间不会相互排斥；第二，公共物品的产权不可出售，即使是其生产者也不可以以市场出售的方式来出卖公共物品产权获取利益。

其二，公共物品具有非竞争性。竞争性与商品消费的数量和商品的成本有关。而非竞争性含义则相反，指的是公共物品的消费并不因为使用个体的增加而影响其效用，也就是说，个体在使用公共物品时，并不会因为其他个体的使用而产生影响，某一个体不会因为他人的同样使用而增加使用公共物品的成本。也正因为如此，公共物品的消费数量并不能够反映其市场需求，公共物品的生产方式并不由市场机制来决定。

在社会生活中，公共物品通常是以免费提供的方式出现的，比如国防等。而准公共品是指在程度上具有有限的非竞争性和非排他性的公共物品，它是具有临界点的公共物品，即超过这一临界点，消费者数量的增加会使得公共物品的使用成本也增加。由于公共物品无法通过市场机制来实现生产，因此公共物品的提供只能由公共财政或公共团体来承担。从市场机制的效用来看，其调节的主要是微观层面的个体或社会组织的经济行为和经济关系，并以此实现资源的有效配置，但是对于国家社会经济系统中的宏观层次的资源配置方面，经济规则往往要让位于政治规则，这就赤裸裸地体现出市场机制组织与控制公共产品供给的无力。教育作为一种准公共品，具有准公共品的属性，在资源配置中，难以实现依靠市场来单独调节。据此，其原因可以从四个方面来分析。

第一，在我国，教育作为准公共品，是由公共财政负担的，向所有社会成员提供。对于教育这种公共产品的提供和调节，市场并不起作用，社会成员对其的选择也没有余地，因此很难通过竞争来调节供求。实际上，教育是具有垄断性的公共物品，教育的内容、方式、规模的提供，在很大程度上受公共支出的限制，其数量和质量并不是由使用它的社会成员来决定的，由此便产生供与求的不均衡，导致资源配置的不合理。

第二，教育同样具有公共物品的效用不可分割性。教育是所有社会成员可以共同享用的公共物品，不可以将其分为多个部分。其使用上具有非竞争性，即多个体使用并不会增加个别个体的使用成本，这种状况的出现使得市场难以通过调节实现均衡。

第三，由于存在某种程度上的消费强制性，因此对于教育这种公共产品的生产和使用，如果是由政府之外的社会组织或个体来进行，那么必然会增加交易的成本，造成资源配置失当。而政府支付决策和监督成本，会因为信息上的不对称导致支付成本过高。同时，公共产品的次品和废品绝不能流入社会公共领域，因为一旦进入公共生活范围，其危害性会远远大于私人产品所产生的危害性。正因为如此，公共产品的选择和使用，必须有合理的程序和监督机制作为保障。

第四，公共产品的理想状态是总供给和总需求能够均衡，然而，现实状况却是，无论是公共物品数量不足还是生产供应过度，都会对社会造成不利影响，导致资源浪费。而个人排他性的使用和拥有公共产品也阻碍了公共产品供求平衡的实现。依赖公共支出的扩大来增加供给，不仅会使公共支出能力受到挑战，而且在市场机制上也不能实现均衡。因为即使无限增加公共支出，公共产品仍然很有可能被个体排他性地使用或占有，在这样的条件下，只能借助于体制完善、制度创新来改善公共物品的供求失衡问题，而市场对此是无力的。

2.1.2 市场集体的非理性行为

市场机制是市场运行的实现机制，它主要通过三种方式来调节经济运行，即市场的价格波动、主体对利益的追求和市场的供求变化。市场运行机制是驱动经济成长的最重要的因素，通过市场机制调节是各个市场经济国家高等教育机制运行的最明显特征。因为在市场经济条件下，这些国家的高等教育活动或多或少会受到市场机制的影响，市场机制以其特有的市场调节方式影响着高等教育活动过程，对高等教育机制运行有重要意义。

市场机制是一个包含价格机制、供求机制、竞争机制和风险机制四种构成要素在内的有机整体。市场经济条件下，高等教育质量的协调主要是通过竞争机制来实现。竞争机制是指通过价格或非价格竞争调节市场运行的机制，竞争机制既是市场机制的主要构成要素之一，又是市场经济运行的基本法则，竞争是市场机制的必然产物。朴素地讲，市场机制的实质就是追求物美价廉。

在市场经济国家，院校之间的竞争是高等教育市场最基本的特征。院校竞争是教育市场活力所在，原因有三。其一，从内部来讲，院校之间竞争关系的存在使得院校管理者产生压力，促使其对院校进行改革与创新，提升办学能力和水平，通过充分利用各方面的资源提升办学效益。其二，从院校外部来讲，院校之间的竞争增强了院校自身对外部环境变化的敏感性，是基于院校的长久发展对自身的考量，院校通过调整自身以适应社会需求，进而增强了院校的社会互动性。其三，优胜劣汰使得竞争力差的院校被淘汰，这在一定程度上促进了高等教育资源的优化配置，改变着整个高等教育系统资源的布局。但肯定竞争机制在促进高等教育资源配置优化作用的同时，我们也应该看到，竞争机制催生了市场个体或组织的非理性行为。非理性行为之于集体而言是有益的，可是也应考虑一点：个体的理性行为有可能导致集体的非理性，非理性行为则会使市场的状况更差，在这种状况下，不完全竞争会出现，进而导致“市场失灵”。

不完全竞争市场是由美国经济学家 J. M. 克拉克（J. M. Clark）提

出来的，它是相对于完全竞争市场而言的，指的是除了完全竞争市场以外的所有的带有或多或少垄断因素的市场。在现实中，市场环境是非常复杂多变的，这就决定了竞争存在着多样性，比如不同产业之间的竞争特性存在不同，同一产业在不同阶段的竞争特性也不可能完全相同。克拉克认为竞争的多样性来源于产品的同质性或非同质性、生产者数量及其结构、价格制定方式、交易方式等十个因素。而如果产品的非同质性强烈，或者说生产者数量有限，就会出现一定程度上的垄断现象，即由卖方或买方控制市场价格，阻止其他竞争者进入市场的局面。这时的市场资源无论是在生产者市场还是在消费者市场都不可能达到最优配置，究其原因，信息不完全既是导致不完全竞争的原因，也是不完全竞争的一个必然结果。

所谓信息不完全指的是在交易中，交易双方的信息不对称或者说信息获取得不充分。市场经济中，市场通过调节供求关系配置资源，供求关系决定着市场结构，供求关系的变化会直接影响交易品价格、交易方式或生产结构等一系列市场其他变量，维持供求关系平衡才能实现市场交易的稳步进行。而要实现供求关系平衡的前提是交易双方之间具有充分的信息交换。而实际的交易中却往往存在信息不对称的现象，而买方与卖方之间掌握信息的不对称会增添交易障碍，致使交易成本增加，从而影响交易的频率和效率，最终导致资源配置低效。

除此之外，垄断也会导致市场失灵。垄断是卖方和买方在主体数量上的不对等引起的，通常呈现买卖双方“一对多”或“多对一”的状态，而无论是买方还是卖方，只要垄断性地占有资源，在交易中就具有绝对的话语权，可以根据自己的需要调节价格和生产。因此，可以说，在市场交易中，垄断会排除和限制市场竞争。一般意义上，产生市场垄断的基本原因是市场进入障碍，即垄断者之所以可以控制某个部门或行业的生产、经营活动，是因为其他的市场主体不能够进入市场与之竞争。因此，也就形成了垄断者凭借其垄断地位采取各种手段来维持垄断地位的现象。简单来说，就是垄断限制了其他主体进入市场，妨碍了市场信息的传播，导致了信息的不完全，从而引起宏观资源配置效率低下。为了矫正和规范垄断造成的市场失灵，政府可以尝试采用反垄断政策，比如我国制定了专门针对市场垄断的《中华人民共和国反垄断法》，针对不同形式的垄断，采取不同的手段来控制，以弥补市场机制的缺陷，调整资源配置。

2.1.3 市场的自发性与治理秩序失衡

在市场经济中，商品的生产和经营都是在价值规律的调节下进行的，即生产者和经营者根据商品的价格涨落来自行决定其生产和经营活动，这就使得生产资料和劳动得以在生产、经营和销售各部门得到合理配置。对有限资源的合理利用对市场调节起到了促进作用，但是同时，市场具有自发性，生产者和经营者在利益的驱动下很有可能会做出违反市场原则的不正当行为，比如生产或销售假冒伪劣产品、破坏环境等，并由此引发市场秩序失衡，导致治理难度加大。可见，市场并不是万能的，市场失灵说明市场机制存在着需要完善的地方。具体分析我国市场经济发展过程中的治理无序现象，主要与以下几点有关。

其一，外在性。外在性又称为外部效应，指的是一个经济活动主体对它周围环境所产生的影响，具体来说是指市场个体或组织的行为直接影响到其他的市场主体或组织，而受到影响的其他个体或组织并没有通过市场进行成本支付或补偿。在现实交易中，这种外在性普遍存在，只要生产者或供应者的成本不完全相等，那么外在性便是存在的。从作用来分析，外在性会导致商品在成本和收益上产生不一致，这种不一致虽然会对交易产生影响，但是却没有得到相应的补偿，在市场交易值的计算中，这种不一致可能因难以计算而被忽略，而市场机制的利益最大化目标加剧了这种不一致受到漠视的程度，所以必然会影响资源配置的效率，造成市场失灵。

根据产生影响的性质不同，可以将外在性分为正的外在性和负的外在性。正的外在性指的是能够使个体或组织的行为对社会和其他个体或组织产生增加收益或者降低成本支出的影响的外在性；负的外在性与之相对，指的是能够使个人或组织的行为对社会或其他个体或组织产生减少收益或成本增加的影响的外在性。从理论上来说，只有正的外在性和负的外在性效果恰好抵消的时候，才能实现个人和社会利益最大化。值得注意的是，外在性并不能通过市场来消除，也就是说，交易不能够决定市场个体的成本和收益。比如当正的外在性存在的时候，并不能够通过市场交易来向收益的主体或组织索取报酬。同样，负的外在性也不可以通过交易挽回损失。

通过以上分析可以发现，消除外在性对市场个体或组织的成本和收益的差别影响，是实现资源优化配置的重要条件，从理论视角可以根据外在性的影响程度与方向的不同采取相应的经济手段。科斯认为，纠正引起“市场失灵”的外部效应可以通过两种方式：一是通过明确商品产权，将外在性内在化；二是建立私人契约弥补市场机制的缺陷。界定商品或服务的产权是市场发挥作用的第一条件，而产权的界定与保护需要依赖政府制定相关的法律。

其二，盲目性。客观上，经济活动的参与者都有各自的经营和生活边界，难以跳出其边界去掌握所有参与者的信息，而信息的不充分影响着参与者的市场决策判断。同时，受供求关系的影响，市场的状况复杂多样，加剧了参与者的决策选择难度。这种状况下，各种主体参与市场经济活动时必然呈现出一定程度的盲目性，参与者在一段时期内对某种商品或服务的极度热衷是市场盲目性的反映，其结果就是市场的失灵，造成经济波动和资源浪费。

其三，波动性。所谓波动性指的是受供求关系的影响，市场经济中的供给与需求之间总是呈现非稳定性的波动状态。波动性是市场机制的重要特征，与人类生产发展和社会生活需求有关。交易的内容、方式和时间并不是固定不变的，在商品或服务市场的供给与需求上，供求平衡是理想化的市场机制所追求的状态，然而实践中市场往往会出现供不应求或供大于求的状况，这是价值规律作用下的市场供求的基本常态，但客观上却会导致资源的浪费或配置不合理。比如，在人才资源问题上，在一定时期或一定领域内，市场人才供应大于人才需求的时候，就会造成失业的状况。失业不仅导致劳动力的浪费，还会加剧社会矛盾，影响社会的整体和谐。

市场的无序是市场失灵的后果，客观上反驳了市场万能的理论。

面对治理秩序的混乱状态，市场需要寻求制度依赖，这就为政府的干预提供了一定空间。然而，政府干预就可以实现治理的科学化和规范化吗？政府是否是市场失灵的有力拯救呢？就此问题，可以就政府参与治理的一系列问题进行详细分析和阐述。

2.2 政府失灵：资源配置低效化

市场失灵需要强有力的制度来弥补，使得掌握制度权力的主体——政府——参与治理成为必要。市场机制作为调节经济活动的基础手段，其缺陷并不是一开始就暴露出来的，20 世纪 30 年代起，西方自由资本主义开始向垄断资本主义过渡，1929 年至 1933 年的经济危机的爆发，使得市场失灵弊端凸显。这时，作为一种新的政府规模理论，凯恩斯主义的政府干预理论一时受到关注，这种理论非常强调政府在社会生活中的主导地位，认为应该充分发挥政府干预作用来指导经济和社会发展。代表人物凯恩斯提出，政府可以有意识地利用财政政策、税收政策和货币政策引导社会公众消费倾向，进而提高社会需求，提升就业水平。作为一种理论指导，政府干预在一定时期内起到了积极的社会作用，但在 20 世纪 70 年代左右，政府干预政策的弊端开始显现，长期执行此政策的国家高通货、高失业的问题严重，资源配置呈现低效化的状态。

全球化的时代背景和我国经济社会转型的独特发展阶段，要求政府在角色权责、职能发挥和行为方式等方面进行新的变革。在教育治理过程中，作为主要责任主体之一，政府在治理中的角色权责主要体现在三个方面。其一，就治理整体而言，政府具有强大的政策导向和执行能力，通过在行政、经济等领域采取相应的政策激励措施引导治理方向，在一定程度上影响治理运作效能。其二，就资源配置而言，政府秉持着社会“正义”，在促进社会公平的基础上弥补市场手段的不足，协调资源配置，促进资源的最优化利用。其三，就治理的多元利益主体而言，政府通过提供外部约束对治理主体进行协调、监督，以协调治理关系，形成治理利益协调、多方和谐的局面。然而，在治理过程中，政府的权责不清、职能不明等问题使其呈现“主体虚位”的状态。所谓“主体虚位”是指政府作为现代职业教育治理主要责任主体，在治理实践中应是引导多元主体制定和实施治理决策，实现有序治理的角色，但其在治理过程中的主导作用并未得到有效发挥。政府的角色意识薄弱使得整个治理过程陷入低效、混乱的状态，导致治理过程中的“政府失灵”。治理行为的超规范、治理权力的模糊和滥用、治理财政和管理危机等在很大程度上影响着教育治理的效益，限制了政府治理能力的正常发挥。

2.2.1 政府的“内在效应”驱使

治理关乎权力，权力是一种平衡的能力，表征正向运作的力量。一般意义上，权力指的是个体行为者或组织机构的影响力和支配能力。因此，政府权力指的就是政府部门具有的一种组织性影响力和支配力。广义上的政府权力是包括立法权、行政权和司法权在内的一系列权力的总和。国家权力是国家通过建立一定的统治秩序来实现对社会公众、组织或团体的控制的一种组织力量和影响力，国家权力通过政府的执行来实现。狭义的政府权力指的是行政权力，是行政机关根据法律法规管理国家行政事务的权力。“自然赋予了每个个体自由支配自己身体器官的绝对权力，与此相同，社会公约赋予了政治生命体支配它的成员的绝对权力。正是因为这种权力的存在，当其领受公意判断或威胁时，就拥有了主权这个名号。”①国家权力支配社会资源形成治理格局，现实中的政府失灵却影响着国家权力的实施与执行。政府失灵“内在效应”影响着政府的治理效率，“内在效应”表现为两个方面。

其一，政府公务人员私利性的客观存在。根据社会契约论的观点，政府权力并不能完全代表人民的权利，它本质上是人民权利的不完全转让，即“对集体有重要影响的那部分权力”，因此政府的行为目标与

① 卢梭. 社会契约论 第3版[M]. 何兆武，译. 北京：商务印书馆，2003.

社会的公共利益之间存在差异性的根源便显露出来。在公共管理上，政府作为公共利益的代表，有效监督的缺乏使政府缺少提高效率的外部压力，所以，从根源上来看，为了保证政府权力满足公共利益最大化倾向，政府权力必然是有限的。

同时，从人性的角度出发，政府权力必须受到限制。首先，作为组成政治社会的公务人员，人的自利性并不会随着个体身份的变化而消失，相反，个体行使政府权力，无可避免地会受到个人的价值观念、利益倾向和追求的影响，此时，人的自利性的驱使会使公务人员在面临选择时倾向个人利益，作出非理性的政府决策，从而影响政府权力运行。其次，人性的自利性转为公共事务处理的非理性极易引起腐败。“所有掌握权力的人都容易滥用权力，这是从古至今都不变的重要经验。权力的使用会一直延伸到权力的边界，这是肯定的。”[①]因此，为了防止政府公务人员的私利性泛滥，造成治理混乱，必须对政府权力进行必要的限制。同时应该看到的是，正是由于这种利益冲突的存在，人类才需要通过订立契约的方式来达到解决冲突的目的。所以，规范政府行为，不纠结政府的内在效应，而转为通过外部手段来限定和规范政府的权力范围，不失为一种可行的方法。

其二，政府公务人员的寻租行为。寻租的出现也会在一定程度上影响资源配置的效率，造成资源浪费。这里的“租”指的是利益。寻租，就是指单纯对经济利益的追求，即通过非直接的生产性行为对利益的寻求，其本质是既得利益者出于对既得利益的维护而进行的资源分配活动。寻租理论之父戈登·塔洛克认为由于税收和垄断造成社会福利损失过大，人类会采取各种可能的疏通活动来争取更多的收入，即为寻租。对于企业而言，寻租意味着为了获取利益，通过贿赂政府官员而得到某些项目、经济特许或获取有利于企业发展的经济资源，这里贿赂官员的支出即为“租金”。由此可见，寻租虽然通过政府使企业得到了利益，实现了资源的转移，但实际上却造成了资源的浪费，企业或个人通过支付“租金”而使政府运用行政权力对经济活动进行

① 孟德斯鸠. 论法的精神（上）[M]. 张雁深，译. 北京：商务印书馆. 1982.

干预。寻租行为一方面妨碍了市场的自由竞争，影响资源的本来配置路径，不利于资源的合理利用。另一方面，寻租的过程其实并没有为社会提供任何有价值的产出，只是既得利益者利用资源实现现状的维持，这必然会造成资源的浪费。基于此，可以说，寻租必然会导致政府失灵，也必然会增加社会成本，引起社会资源的浪费。从治理角度来讲，寻租会造成政府的权力失当，导致政府腐败，从而对政府的公信度产生影响，所以现实中，为减少寻租行为，对政府行为实施监督是十分必要的。然而，避免寻租行为的根源还在政府自身，必须从内而外，而不是仅依靠外力监督来保障治理的效力。对于政府自身来说，应该增强自律意识，树立公共服务的理念，才能真正地实现政府权力的公众意旨。

2.2.2 政府政策工具选择失当

"由于公众的同意，真正的政治社会开始组织并实际结合起来，只有这样，世界上才会有合法政府的存在。"[①]由此可见，合法政府是建立在公众合意的基础之上的，个人权利中有关集体的那部分委托给公共权力机构政府来行使，"生产的技术手段是现代理性的资本主义需要的，但是不仅仅如此，它同时还需要一个可靠的法律体系和能够依照规章制度行事的行政机关"[②]。由此，基于社会公众的普遍同意，政府便被创制起来且具有了合法的政府权力。可见，政府权力的合法性其实并不依赖于正式的法律实施，而是基于社会目标的实现程度和政府的公信度。

政府对社会活动的调控，可以采取各种行政手段。与法律手段相比，行政手段更具有灵活性，是在一定的法律、法规允许范围内采取的具有针对性的手段或措施。政府通常采取政策、条例、规则、建议等行政措施来规制和调控高等教育活动，比如，英国政府会通过发布

① 霍布斯. 利维坦[M]. 黎思复，黎廷弼，译，北京：商务印书馆，1985.

② 乔治·弗雷德里克森. 公共行政的精神[M]. 张成福，刘霞，张漳，等译. 北京：中国人民大学出版社，2003.

绿皮书或白皮书的方式来传达其对高等教育评估工作的重视。然而，政府干预不是在任何时候都是高效的。萨缪尔森认为，当政府的决策或集体行动手段不能为经济效率的提升或收入分配合理化提供力量时，就会产生政府失灵。具体而言，政府机构效率低下的原因可以分为以下几种。

1. 政府利益取向非中立

政府利益取向的中立性指的是政府决策以公共利益的最大化为目标，而不是倾向于自身或某些组织、个人的利益。保持中立性是保证政府决策科学性的重要基础，政府利益取向非中立往往会导致政策工具使用失当。从经济学视角来看，政府在使用失当的政策工具应对宏观的经济目标时，不但难以起到改革效果，反而会加剧其治理波动程度，使宏观经济运行更加不稳定。政府决策带有随意性，所谓随意性指的是不经论证、考察或评估、检测而实施的政府政策，这属于政府决策的非理性或失误的表现，是现实中政府决策应该规避的。

2. 决策权力过于集中

政府决策指的是政府为了实现行政目标对未来一定时期内行政的方向、内容、方式以及方法等的选择或调整。正是因为行政的强制性与权威性，所以政府干预常常是权力过于集中和官僚的。通常情况下，决策是对未来不确定条件下发生的事情所作的处理，所以决策的过程实质存在一定的风险，是关于事件处理的一种可能性解决，而不一定是完全科学和规范化的，所以政府决策并不必然是完全正确的，在决策的“量”和“质”上都存在需时间检验的部分。权力的集中一方面造成了决策的盲目性、非理性，以及对公共事务处理的失当；另一方面，决策权力的过分集中很有可能造成权力的过度使用，致使行政失效，不利于政府威信的保持。

3. 政策选择存在矛盾

首先，从决策上来说，客观上任何的决策都是一个政策选择的过程，是通过比较、分析，从若干种可选方案中选择最优解的过程。决策的难度取决于可供选择方案的多少，所以可以说，政策决策本身就存在着矛盾。其次，从目标和手段来说，政府的政策选择往往代表着一定的倾向性，这种倾向性是政府面临具有矛盾的政策目标和手段时作出的选择，比如在追求经济效率和分配的公平问题上，政府的政策选择存在着某种程度上的对立，一种政策选择可能对另一种政策目标产生不利影响。也就是说，政府的政策选择必定会同时产生正向和负向效应，治理中的政策工具选择失当有可能是忽视政策选择负向效应的结果，从而降低了政府决策的有效质量。

2.2.3 政府干预的不协调与规制治理秩序的低效

政府干预是指政府运用调节手段和机制，规范市场运行，实现资源的优化配置，是政府对社会经济总体的调节和控制。其通过经济政策、经济法规和必要的行政管理等手段来对社会经济进行调控，以社会经济整体的良好发展为出发点和落脚点。关于政府干预，政治学家和经济学家都给出过解释。亚当·斯密认为市场这只“看不见的手”具有强大的力量，仅仅依靠自由放任的市场机制，就可以实现国家经济社会的积极发展。同时，他对政府的干预行为表示了极大的不信任，他认为政府应该少干预或者不干预，政府的职能应该得到明确的限制，政府职能应包括三方面的内容：保护国家社会安全不受侵略；保护国家人民不受压迫；保护与建设公共事业和设施。凯恩斯也同样主张限制政府干预的权力，它认为市场存在缺陷是市场机制本身的问题，这不该成为政府实施干预的理由。新制度经济学基于交易成本的分析工具，提出政府和市场在资源配置和制度安排上具有可替代性。从理论上来讲，政治学家和经济学家提出了对政府权力进行限制的主张，表示了对政府干预的怀疑态度，侧面上反映出政府干预可能存在着某种程度的不合理。从实践来看，政府对市场的干预和调控可以通过法律手段来避免不正当竞争和限制垄断的产生，也可以通过税收和政府补贴的方式来弥补市场机制的不足。但如果在这个过程中政府干预不协调，那么会直接导致治理成本的增长，这主要表现为三个方面。

第一，权责超界。就范围来说，政府干预的领域主要是关乎国家整体经济布局的领域，以及有关国计民生的重大产业领域。宏观经济调控领域为出现市场失灵的领域，但由于政府行政权威的力量过大和政府干预权责的界定模糊，现实中的政府干预的程度和领域往往会超出纠正市场失灵的界限范围，即政府的权责超出其所应承担的合理需要。

第二，政策滞后。政策滞后指的是政府的干预政策难以满足正在发展的市场需要或是在处理市场问题时显示出不适用性。由于政策的滞后导致的干预不合理或不协调是宏观经济调控中的常见情况。政策滞后在某种程度上说是必然存在的，因为政策本身实质是一种法律的制度化体现，其选择、制定的程序都非常严格和复杂，政策从开始制定到完成需要一个比较长的周期，而在这个周期内，市场显然会发生诸多变化，这就造成了政策之于当前市场经济活动调控的滞后。另外，政策惯性的存在也为政府制度的革新增加了难度，有些调控政策显然已不能适应当前的社会经济发展需要，因而呈现出政策失效的状态。

第三，市场扭曲。市场扭曲是指政府的干预使得原本合理的经济秩序变得混乱，原因有二。其一，政府干预力量的加入增加了市场中对生产和销售的影响因素，而且基于政府权威，政府的参与是具有很强行政影响力的，作为市场个体或组织，都必须要考虑其对市场的影响，这就造成原本复杂的市场因为行政因素的加入而更加复杂。其二，政府干预是人为的对经济活动的干预，市场机制是“看不见的手”的市场自行运作，政府的角色定位决定了政府干预必然带有某种政策导向性，而这种导向性可能与市场机制运作相吻合，也可能会相矛盾，发生冲突，这种冲突在一定程度上必然会导致市场扭曲，造成市场秩序混乱。

由上述内容可见，政府参与治理存在着诸多问题，作为国家宏观调控中的行政力量，政府干预应最大限度地让步于市场机制调节，政府的权力必须是“有限”的。这种“有限”有两种含义。其一，从内部来说，因为政府权力具有公共性，关系到国家重大的经济、社会、生活领域的制度建设与改革，涉及公众权利和公众利益，所以明确政府权力背后所蕴含的价值理论与价值导向是十分必要的。政府权力的实现首先应该是符合公众合意的，其次应该是立足于市场的整体治理。其二，从外部来说，政府权力作为公众权利的部分转让，必然要受到社会公众监督，因此，政府权力应致力于保障社会公众的利益，为实现公共权利创造条件。

2.3 院校自治：各自为阵的管理

这里的院校自治是高等院校自治，又可以称为大学自治，意指高等院校不受教会、政府等其他实力干预，实行自主办学。具体而言，院校自治的实质是高等院校自主管理的合法权利的获得，是高等院校以法人团体的形式自主管理内部事务，自主决定自身发展方向与目标以及实施各种发展方案和计划的合法权利，院校实现自治的重点一是获取自治的合法性，二是具有自主管理的能力。阿什比认为，院校自治应该包含丰富的内容：学术自由、财政自由、自由招收教职员工、自由选拔学生、自由设计和教授课程、自由选择评价方式和标准。

院校自治是现代高等教育自主发展的现实需求，也是教育现代化的必然趋势。现代教育的蓬勃发展对高等院校自主管理提出要求，其合法自治权力的获得是院校自治的前提。然而，现实中的院校自治实践却面临很多问题。分析院校内部各自为阵、治理效率低下的现状，可以得出导致院校治理乱序的原因有：治理主体权责结构的不完善、办学自主权合法性不明确以及制度供给缺失。因此，本书立足改进高等院校治理现状，分析院校自治的问题以及原因，旨在为依据章程规范高等院校治理提供理论和现实依据。

2.3.1 治理主体权责结构不合理

院校自治是高等院校的自主治理，但是这个自主不是指完全脱离政府干预与市场机制的治理，而是在一定范围内的自治。自治的范围是由社会、经济和院校自身的发展阶段所决定的，是在市场机制和政府干预共同参与下的最大限度的自治，院校自治良好运行的前提是有效、合理地搭建治理主体的权责结构。

治理主体权责结构指的是治理主体在权责方面的联系与划分，形成一定的结构体系，这个结构体系即为权责结构。治理主体的权责结构本质上是院校治理相关利益主体的治理权力的划分结构，其决定了治理关系的独特性，这种权责结构在治理主体的权益保护上实现均衡，成为一种治理秩序。一般意义上来说，治理主体的权力是治理主体从以章程为载体的治理制度获得的支配治理资源、参与治理决策的能力；治理主体的责任是作为利益主体在治理中应该承担的监督、管理等义务。治理主体具有治理权力，因此可以在治理中获得话语权以维护自身利益，同时因为承担治理责任，所以在治理中应充分利用角色力量促成治理任务的达成。正是因为治理权力和责任的同时存在，才能充分调动治理主体的主动性，充分利用治理资源。

在我国院校自治的发展历史中，政府权力从计划经济时期的绝对干预逐渐向有限干预转变，高等院校与社会组织之间的互动效应也从狭小到适度扩大,这种趋势反映出高等教育系统整体发展的时代需求，是院校自治不断走向协调、规范的表现。我国高等院校自治实践经验表明，政府权力下放是院校自治发展的需求，政府通过权力的下放给予高等院校更多的自治空间，有利于其根据自身发展需要制定合理的发展策略，提升办学效率；同时，院校得到更多办学的自主权，提升了治理中的自主性，对发挥院校特色、树立院校品牌有积极意义。以社会公众或团体为代表的社会组织则行使治理的公众监督权，积极对高等院校自治效果进行反馈与评价。

近代以来，高等院校规模的不断发展，使高等院校建设受到关注，而院校自治的实践暴露出其治理问题，如：治理主体权责差异化其实并不明显，高等教育权责关系出现同构，致使政府干预本应由高校负责的公共事务，等等。诸如此类的治理过程中存在的超越职权或者权力滥用的现象，不仅分散了治理主体功能，还会造成治理资源浪费，导致治理低效。如果高等职业院校自治既不注重质量标准，又不注重实践过程规范，那么结果将是增加自治成本以及限制治理改进与创新的可能性。完善治理相关的体制机制，明确主体的权责结构，是改善院校自治实践的客观需要。归根结底，治理主体权责结构的不合理是治理主体的权责边界不清造成的。

厘清主体权责边界是高等院校自治有序的前提条件，高等院校治理现代化要求各利益主体充分发挥治理效力，在治理中通过协商一致、融洽配合完成治理任务。在此过程中，政府、院校及社会公众组织如果没有树立边界意识，那么必然会导致治理秩序的混乱，原因如下：一方面，各主体的集体参与给院校自治决策造成一定的困难，会延长治理决策制定和实施的时间，影响治理效率；另一方面，各主体之间由于立场不同，利益诉求也不同，必然会在解决治理问题的过程中出现意见不一致的情况，出现治理矛盾，不利于主体内部的团结，影响院校自治运行的整体进程。

由此，治理的首要任务就是明确主体的权责，为各主体参与院校自治划定范围。各主体在治理过程中应该树立权责边界意识，在各自治理权力范围内可以行使治理权力，主动承担治理责任，而超出自身治理权责范围的则不强加干预。在政府与高校和社会公众组织的权责关系上，以院校自治效力发挥为目标，高等院校治理主体应该尝试治理功能的分离，即政府发挥有限的干预功能，主要关注宏观管理，院校自治主要针对办学，社会公众组织以监督评价为主，这正好契合了现代高等教育治理提倡实施的管办评分离的发展要求。各个主体形成良好的权责结构，从宏观与微观、目标与过程、实施与评价三种维度实现高等教育治理的功能互补。

2.3.2 办学自主权合法性不明确

落实办学自主权是院校自治合法的前提，也是高等院校治理现代化的重要内容。在中世纪早期，商品市场是受到封建势力压迫的，商品的生产和交换受到严格控制，随着城市的兴起，商品生产和交换的规模逐渐扩大，手工业者和商人为了保护自身利益，组建了以争取市场权利为目的的自卫组织，即行会。行会为维护工商业者的利益，与封建压迫势力展开了艰苦的斗争，最终获得了开展自由贸易的权利。行会自卫斗争的胜利为高等院校提供了示范，于是高等院校组织了师生行会，以维护教学和生活中的自身利益。师生行会是由教师和学生组成的，他们积极与高等院校所在当地的行政当局和教会抗争，为院校争取到了具有法人性质的特许状和其他一些自治特权。

19 世纪末开始，高等院校自治格局发生较大变化。受限于政府部门的财政来源，一些院校从自治又转为政府控制，院校的自治范围限于校内的学术和财政事务，关于院校发展的重大事务由政府决策。值得注意的是，虽然受制于政府，但是作为法人团体，在市场经济条件下，高等院校的自主独立性是一直存在的，这是因为高等院校的办学主体角色决定了其必须通过自身的活动方式来实现发展职能，为国家提供优质的人才资源。

院校实现自治的前提是获得自治权。为了实现院校的长期、稳定发展，高等院校需要更多独立的自治权，原因如下。从内部发展来说，高等院校适应社会经济的发展，需要转变发展模式，实现从规模到内涵，从速度到质量的转变，这就要求高等院校要具备自身特色，主动适应区域、社会发展需求。从外部环境来说，在世界范围内，高等院校是一个庞大的群体，面临着很大的竞争压力，高等院校只有增强自身竞争力才能实现自我发展权益。因此，争取自我约束、自主管理的院校自治权是高等院校治理与改革发展的必然选择。

从我国院校自治发展来看，20 世纪 90 年代以来，我国高等院校办学模式的转变体现出政府放权、院校自主发展的趋势，这也是我国高等院校改革与治理的整体趋势。2000 年以后，政府放权的意识渐显，特别是随着我国经济、社会的飞速发展，高等院校自治的需求越来越强烈，“府管校办”的模式面临着体制建设与制度设计的双重困局，有限的政府主导模式开始进入教育界视野。

落实和扩大高等院校的办学自主权需要注意政府与市场两方面的因素：政府对高等院校的管理是必要的，其是高等院校整体治理的全局把控者，引导着高等教育未来的发展趋势；市场是高等院校人才资源的接受者，反映和在一定程度制约着高等院校人才培养的类型和模式，教育只有面向市场才会有广阔的发展空间。因此，院校自治要充分考虑政府和市场的因素。一是院校要在政府的宏观调控下享有更加充分的自治权，必须首先确立和强化院校法人制度，使院校成为自主管理的法人实体，可以根据院校自身的办学特色和目标制定相应的治理制度，这是院校自主办学、自主发展的保障。二是作为社会整体的重要组成部分，高等院校必须具有适应性，即院校自治需与社会、经济发展相协调，院校自治必须面向市场，充分发挥高等院校在教学、科研、技术开发与服务方面的职能，在市场经济的制度环境中，依赖地方或区域的社会、经济发展资源或条件，实现自我增值，增强院校竞争力。

2.3.3 制度供给缺失造成治理乱序

制度是对需求的响应，社会经济发展到一定阶段，必然经历经济社会运行“提速增效”的过程，这就需要对其运行规则进行修改与创新。制度供给是通过特定的程序和渠道进行规则设立和创新的过程。在院校治理中，治理体系共利性不足、制度性政策保障的缺乏凸显治理的制度供给“缺失”，院校改革与发展面临着挑战，由此导致的制度固化及发展不平衡等问题，严重影响了教育的统筹发展。在职业院校治理实践中，制度供给不足带来一系列的问题：第一，教育制度失衡致使教育资源配置不合理，教育主体基于各自的利益渴求在职业教育市场场域内的利益博弈造成资源的浪费，有碍教育治理结构整合；第二，制度供给“缺失”使统筹职业教育治理实践目标模糊，造成治理过程的混乱无序，难以发挥现代教育治理能力的整体合力。这些问题直接导致院校自治中“各自为阵”问题严重，造成教育资源的浪费。分析造成这些问题的原因，不难发现有以下两方面。

1. 制度供给方式单一

在高等院校治理中，政府是制度供给的主要主体，政府提供的制度决定了社会力量参与的资格与方式，其规范治理主体的行为，对其进行必要的监督与管理。从内部来说，教育作为公共产品，以行业企业为代表的社会力量参与教育治理需要政府提供一定的制度激励，主动开放某些治理领域，尤其是采取行政或经济方式正向鼓励其参与。从外部来讲，公共治理的有序不是自动实现的，需要制度来规范，政府应依据相关的法律法规，对治理主体进行协调、监督。

从供给方式来说，我国的高等院校制度供给方式比较单一，大部分的高等职业院校所遵循的制度是按照行政层级自上而下执行的制度。客观来讲，这样的制度供给方式保证了院校自治的规范性，但却缺乏灵活性。比如为提升教育人才质量，高等院校往往会安排专业实习或毕业实习等教育内容，政府为了鼓励行业企业积极响应院校需求，会制定相关的制度来激励行业企业，这种制度供给虽然目的明确，但是现实中却往往由于政府缺乏对行业企业内部治理的了解，在实习程序和规范上作出过多限制，致使优惠政策难以落实。

2. 制度分散且难成体系

教育是一项综合事业，是涉及政府、行业企业、院校、师生、社会公众等多方利益关系的系统工程，这样的多方利益关系形成治理的综合网络，需要相应的协调机制来促进或规范各部门、组织和个体间的沟通联系，实际中正是由于这样的协调机制的不完善或缺乏，导致院校各部门或单位在制定规章制度时缺乏沟通与联系，影响着自治的效果。具体来说，一方面，各自为阵的治理使制度分散，制度之间缺乏支撑与补充，难以形成体系，妨碍了高等院校制度体系建设；另一方面，院校各部门或单位制定制度时往往基于自身的治理价值理念引导治理方向，各行其是的制度会造成制度执行中的矛盾，导致治理成本的增加，阻碍了制度功能的发挥。院校自治的目的是提升院校办学质量，促进院校的可持续发展，这就要求高等院校的人才培养质量要符合市场需求，因此在制定院校的人才培养计划、专业和课程设置以及实习计划相关的制度时，将行业企业的用人标准和需求对接到院校的培养与管理制度内容中去，是制度改革与建设需要注意的一点。

通过分析可以看出，院校自治过程中需要突出制度供给，原因如下：其一，就治理整体而言，在教育治理模式下，国家、政府发挥导向作用，构建制度化的政策保障体系，以发挥教育各自优势，合理配置资源，形成良好的教育治理局面；其二，就治理关系来讲，教育治理逻辑下的教育治理应是在厘清教育改革中的治理逻辑关系的前提下，构建新型的治理组织关系，重塑院校运行机制，推进院校与区域经济社会的协调发展，提升治理过程的科学化与规范化。

2.4 本章小结

基于本章分析可以看出，在现实的经济社会中，市场机制不是万能的，存在着缺陷，政府干预也是不完善的，同样存在缺陷。这样，现实经济社会就面临着一种复杂的选择——有缺陷的市场机制和有缺陷的政府干预以及二者组合的选择。就各自优势来说，市场机制具有相对较强的灵活性，在配置资源方面具有高效率；而政府干预更具有计划性，它反映的是在市场调节基础上的政府对资源配置的一种规划。需要强调的是，市场机制和政府干预并不是矛盾的，政府干预的实施并不是为了限制市场机制，而是为了充分发挥市场机制的调节作用。在教育治理中，既要发挥好市场机制的灵活性，又要合理运用政府干预的力量，现代教育治理的根本路径应为两种资源配置方式的有机配合。

就参与资源配置的方式来说，在市场作用下，交易双方自发协调商品和服务，客观上完成资源整合与利用。相比之下，作为一种具有强制力的组织力量，政府对资源进行配置的方式是利用其政府权威来制定规章以协调与规范市场主体行为和活动。虽然市场与政府在资源配置上的作用相反，但市场和政府相互依赖。市场失灵导致资源配置的失当，说明了在高等教育系统中政府参与的必要性；政府失灵导致资源配置的低效，说明了政府干预必须“有限”。（见图 2-1）院校自治实践反映出院校内部各自为阵的治理状况和院校治理的制度建设的不完善、不科学，院校自治中的种种问题凸显，反映了院校内部治理中的制度需要，体现出在高等院校治理中，章程作为“内部法”对院校内部治理的规范作用，突出了章程在治理中不可或缺的作用。

综合所述，要真正解决高等教育改革面临的市场失灵、政府失灵和院校自治实践不当的一系列问题，促进高等教育系统与我国产业结构转型、升级相适应，必须将高等教育治理融入其生存和发展所依赖的制度环境中，以制度改革与创新引导治理规范化、科学化。在国家依法治校、依法治教的政策倡议和改革指引下，探索依据院校“内部法”进行治理的理性方式与实践思路，是能深化高等院校治理改革、优化资源配置、有效推进院校治理现代化的有益尝试。

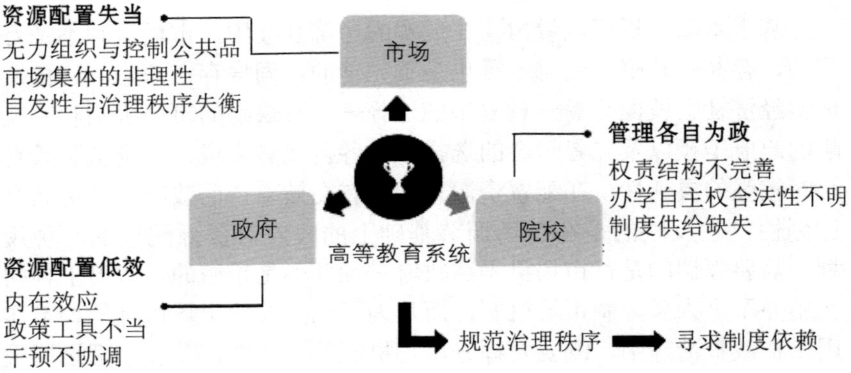

图 2-1　第二章逻辑框架图

第三章　契约：基于章程的高等职业院校治理之义

章程是高等职业院校利益相关者之间就高等职业院校发展的相关事务经协商达成的协议，是高等职业院校内部管理运行的纲领性文件，也是院校自主管理、自我规范的基本依据，具有“内部法”的效力。在《牛津法律大辞典》中，契约是指两人或多人之间为在相互之间设定合法义务而发成的具有强制力的协议，强调契约的法律效力。由此可见，章程之于高等职业院校具有“合法性”权威，契约之于契约双方具有“合法性”权威，章程和契约都是有关某项事务的利益相关者共同的协议，其同样具有的“合法性”约束效力使二者在内涵上呈现一致性。因此可以说，在院校治理的范畴，章程是契约的表征，是契约在院校治理中的一种实体表达。换言之，章程是高等职业院校利益相关者通过协商共同签订的有关高等职业院校权力与组织结构、运行与发展等相关事宜的契约，基于章程的高等职业院校治理本质是契约治理。

3.1 现代职业教育的基本属性：治理的缘由

现代职业教育作为我国教育系统中发展迅速的一种教育类型，其对推动社会、经济发展起到十分重要的作用。与一般教育类型相比，现代职业教育具有不同于一般教育的基本属性，即区域性、实践性和开放性。现代职业教育治理的执行和落实，要从把握其基本属性为前提，明确治理的着力点。

3.1.1 区域性

区域性、特色化是现代职业教育的新常态。现代职业教育的区域性指的是现代职业教育对区域经济、社会发展的支持与服务。以高等职业院校为例，其在人才培养目标、专业设置、课程结构、生源、就业方向、办学体制、投入机制、学校管理等方面都积极与区域经济、社会发展相适应，以满足区域经济、社会对人才资源的需求为目标进行改革。具体来说，现代职业教育的区域性体现在两方面。

第一，从经济发展关系来看，职业教育与区域经济是相互作用、互相依赖的关系。职业教育服务着区域经济的发展，区域经济的发展又带动了职业教育的改革与发展。从教育自身来说，区域职业教育作为现代职业教育的一部分，担负着为区域经济和社会发展提供技术技能型人才资源的任务和使命，区域经济的快速发展又必然会带来职业教育的转型升级，由此形成职业教育与区域经济的联动效应。从实践来看，职业教育与区域经济发展的相互影响作用明显，经济发展迅速的地方职业教育也会相应地发展稳健，职业教育的规模也会是相对较大的。区域产业优势体现在职业院校的专业优势上，体现出区域的教育特色，同样的，职业教育改革深化的地方，其区域产业经济水平和结构也相对完善。当前我国处于深化综合改革的阶段，产业结构的调整是国家全面深化改革的重要内容。由于受地理位置、区域资源与经济发展现状的影响，我国地区间的产业结构呈现出非常明显的差异性。现代职业教育的区域性体现在其对这种区域差异性的适应，对区域经济、社会发展的契合与补充上，它通过优质的办学为区域经济、社会发展提供人才，以人才培养的质量、效率和效果来彰显自身价值。综合改革下的产业结构调整必然带来区域内信息、人才和技术资源的流动以及变化，这种变化带来的不确定性影响着区域职业教育的水平和规模，同时对职业教育人才培养提出了更高的要求，职业教育必须保持高度的敏感性，充分利用资源提升职业教育人才培养质量，立足区域产业发展需要，保障优质的、稳定的人才资源供应。

第二，现代职业教育提倡区域性办学。当前全球经济和科技的一体化发展，带动了蔓延全球的教育改革。以提升教育质量为目标，教育改革强调提升受教育者的实践和创新能力，因为一个人不仅要具有扎实的技术和专业知识，还要掌握相关领域的知识，具备广博的知识储备，才能为技术创新提供可能。实际上，现代职业教育治理实质是一种资源的有效利用和调配过程。受地理区域范围的限制，每个地区或区域有自己的市场文化和社会环境，形成了不同的发展特征和氛围，现代职业教育通过有效整合教育资源、信息资源形成职业教育发展的区域场域，在此场域内实现信息的流通和交换，为进一步的产品和技术创新打下基础。因此，为实现资源的优化配置，各个区域内的职业院校应该围绕区域经济、社会发展的需要，走区域性办学之路，在适应教育转型升级的条件下，围绕区域特色进行办学，形成区域内的办学氛围，依托产品和技术创新着力打造区域办学品牌。

现代职业教育区域性发展的根本目标是在优化资源配置的基础上实现区域资源共享和区域合作。因此，区域性职业教育建设首先应该树立资源共享共建、互惠互利的合作理念，充分整合多方资源，建立起服务区域发展的资源共享机制。政府部门要统筹规划区域内的资源调配和职业教育建设，引导区域内的职业院校与企业开展多种形式、多重渠道的合作，并尝试搭建以区域特色建设为核心的共享合作机构或组织，专门针对区域内院校与院校、企业与企业以及院校与企业的合作事宜进行协调，破除限制合作的界限。职业院校应充分发挥其人才资源和管理优势，采取学校教育与培训相结合的方式进行人才培养与培训，并定向为区域企业输送高素质人才，满足区域内的人才资源需求。企业应在政府引导下积极与院校展开合作，建设区域内人才培养系统规划设计，和企业联合建立信息发布、培训运作和产品与服务评价等一体化服务平台，从而形成区域发展合力，推动现代职业教育区域性发展。

3.1.2 实践性

现代职业教育的实践性是指作为一种社会实践活动，职业教育发展必须立足实践，从实践中来，到实践中去，以实践检验其价值取向的科学性与合理性。现代职业教育的职业导向决定了其实践特性的存在，它以为社会生产、管理、服务一线培养技能型、应用型人才为目的，直接面向社会生产实践，在教学目标上注重实用性，在教学内容上注重围绕职业活动选择教学内容，在教学方法上强调应用性和可操作性。与普通教育相比，职业教育在教学目标、内容和方法上的特殊性决定了其以实践为标准的价值取向，决定了其应该面向职业需要、面向社会实践、面向教育主体发展。

近年来，职业教育改革奋步伐稳健。其中，关注职业教育教学实践层面是改革的一大特点。2010 年，欧盟发布的《布鲁日公报》为未来十年的职业教育和培训指明了发展方向，强调未来的职业教育与培训要注重实践，更加接近真实世界。社会经济的繁荣、产业的升级使得市场急速变化，作为与市场联系最紧密的教育类型，现代职业教育的发展与更迭持续增速。现代社会工作的高效要求每一个职业教育个体都应该是熟练工，是能够迅速适应从学校到职场变化的、能够顺利完成各种类型工作任务的“职业人”。为适应这种时代要求，现代职业教育更加强调需求导向，注重“在实践中去学”“在实践中去用”，提倡能力为本的教育理念，在实际的教育教学和人才培养中注重提升个体的职业能力。澳大利亚亦发布了《重塑澳大利亚职业教学与培训实践蓝图》研究报告，突出强调职业教育教学改革实践性的关注点：实施和分配学生真实的学习任务；积极开展同伴互助合作学习；以工作具体要求为准则的学习目标；充分运用网络技术，采用适合学习者的教学内容和方法；等等。该报告提出了职业教育实践的重要性，确立了澳大利亚实践教学的改革方向。这也为我国职业教育教学改革提供了参考。

可以看出，未来的职业教育改革指向质量建设，是对职业教育人才培养质量的重点关注，它要求职业教育要满足社会、经济和文化发展的需求，满足个体的综合职业能力的培养。未来的教育面对着这样的问题：知识的碎片化及分离状态与现实对人才知识要求的多元化、跨界化之间的矛盾。这将会是以后的教育需要切实解决的。随着社会分工发展的细化，人才培养质量与社会要求之间的不适应性会日益深刻，这就对职业教育质量建设提出了挑战。职业教育培养的人才是否可以符合职业岗位的要求，是否可以满足社会可持续发展需要，这些都需要实践来检验，即通过实践来建立职业教育质量标准指标，搭建质量评价框架，并在实践中不断进行检验和完善。

为何要求在实践中检验职业教育质量？第一，实践反映了社会发展的现实需要。职业教育的质量建设需要以满足社会需求为基础。人类通过实践生成物质和价值需要，在实践过程中了解物质和价值需要实现的可能性和可行性以及其达成的具体条件，通过了解这些，建立质量概念框架，形成概念指标。第二，实践是检验质量的唯一标准。人们将预测和想象投入现实，了解其是否可以满足生产发展和服务需求，是否满足职业岗位的需求，进而才能对质量标准进行调整、修正。第三，实践过程即价值生成的过程，人类的实践活动蕴含着自身的价值需求，经过实践的实施、完成与修正建立比较合理的价值理念，这是建立质量标准的关键，也是保证职业教育质量标准科学化、规范化的前提。实践的不断完善过程既可以实现质量标准的重建，修正后的质量标准又对实践提出更高的要求，在实践中建立，在修正中提高，即为现代职业教育质量建设与提升应有的方法与思路。

因此，作为一种与学习者未来职业紧密相连且非常注重职业实践的教育类型，职业教育体现职业实践性，人才资源的价值最终要在未来的工作中体现和发挥，所以技术技能的实际应用是职业院校人才培养和教学的目标。任何职业的劳动和教育，都要以职业的形式来实现。这就说明，从职业的内涵上已经规范了实际的社会职业应有的维度，规范了职业教育的课程及考核的标准。这要求职业教育应该在专业化的任务和工作场景中进行学习和训练，建立从学校到行业企业的联结，根据实际的人才需求状况，合理设置专业和课程；设置以实际工作为模板的课程任务，以一线的生产和服务为实习、实训平台，通过理论与实践的结合提升学习者的应用能力，增强其综合职业能力。

3.1.3 开放性

开放性是教育改革发展的必然要求，是教育现代化的未来趋势。

作为现代职业教育的组成部分，高等职业教育的开放性表现在多个方面。

第一，多元包容。多元包容是现代职业教育开放性特征的重要体现。在治理理念上，现代职业教育提倡多元共治的治理理念，善于吸收各种社会力量积极参与办学和人才培养，这不仅可以使政府、企业、行业协会、社会公众等多种社会力量参与到职业教育改革与发展建设中来，还有利于实现现有教育资源的充分利用，促进资源的有效整合与合理配置。在文化建设上，现代职业教育强调求同存异，互利共生，共同发展。在此基础上，我国职业教育办学和人才培养注重面向全球，其改革与发展注重与国际教育进程相适应。现代职业教育在思想上的兼容并包是职业教育国际化的重要条件，以现代职业教育体系建设为方向，我国各级各类职业院校在人才培养过程中做到了尊重各国的教育文化，积极借鉴和吸收各国职业教育改革与发展的先进思想和经验。

第二，教育面向国际。教育的现代化发展要求教育要面向国际，对外开放。现代职业教育面向国际市场，首先应该具有先进的国际教育理念，利用开展国际交流与合作的机会，吸收国外先进的职业教育思想精华，结合我国的实践，为职业教育改革提供理论参考。其次，现代职业教育通过调整自身专业设置，关注国际市场的职业教育人才需要，培养国际紧缺的实用人才，比如信息技术、大数据和智能化生产等行业的专门人才，通过优质人才资源的输出，提升我国在国际劳动力市场上的竞争力，为现代职业教育带来立足国际市场的空间。最后，除了“走出去”，还可以“引进来”，即积极吸纳国际教育人才来我国交流学习，吸收国际职业教育理论和实践经验，改善教育产品和服务，在服务中促进和实现职业教育的提质、增效、升级。

第三，开放性办学。从规模扩张到内涵建设是现阶段我国高等职业院校的发展趋势，高等职业院校的内涵式发展要求以充足的经费投入为前提。而事实上，长期以来，我国高等职业院校都依赖政府财政拨款这一单一渠道，而政府投入职业院校建设的经费往往是非常有限的，所以在当前条件下，多渠道自筹经费是高等职业院校办学获取经费以改善高等职业院校治理改革经费不足状态的主要方式。转变投资单一现状需要使筹资方式多元化，据此可以考虑以下三种方式。一是利用现有资源，实现资源的有效转化取得经济效益。比如通过科研成果转化和科技创新等方式，为院校提供资金补充。二是通过校企合作吸纳社会力量，特别是区域内的大型企业，将其纳入办学主体，完成资源整合，同时吸纳其他社会组织和团体力量进行投资，实现投资主体的多元化结构，扩大教育服务的范围。三是我国职业教育可以大力宣传，积极立项，通过吸引国外投资聚集资源，实现办学方式和办学投入的多元化和国际化，增强办学实力。

第四，教育教学多样化。教育教学的多样化反映了教育教学资源的利用开放。教学与课程是学校独特的教育资源，与企业不同，课程与教学是学校提供教育服务、实现教育功能的最基本的途径，也是学校教育性最明显的体现。通过改革课程和教学体系，改变传统的授课方式，建立更加自由、灵活的课程选择和教学方式，满足学习者不同的课程内容需求，可以大大提高学习者的学习效率。同时，高等职业院校还可以通过多样化的方式来改进教学，比如建立网上远程授课、跨校选课等机制，并制定相应的保障制度，在信息技术的支撑下，实现课程和教学的多样化设置与实施。职业教育强调教学的应用性、实用性，因此，在教学资源的选择上可以更加丰富，突破传统的、封闭的教学内容范围，采用互动性更强的教学内容来开展教学，比如可以在教学中加入真实的情景设置，和企业合作进行教学培训与指导、交流学习和技术创新经验以及实施更加开放的师生交流方式，等等。通过一系列的教学与管理建设，提升教学效率。

3.2 契约对高等职业院校治理的规制性

章程是契约的表征，契约对高等职业院校治理的规制性是指作为高等职业院校治理依据的章程对高等职业院校治理具有约束和规范作用，这里的规制强调一种范围界定，是约束性和规范性的统一。对高等职业院校治理来说，契约对治理的规制性体现为契约权威对治理规则的规约、契约合意对治理关系的规约以及契约内容对治理内涵的规约（见图 3-1）。

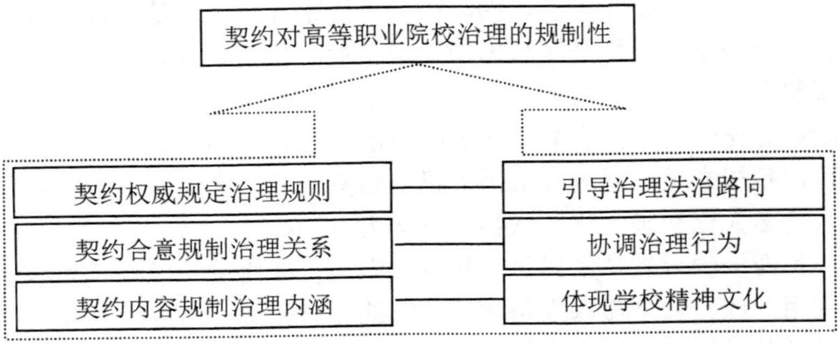

图 3-1　契约对高等职业院校治理的规制性

3.2.1 契约权威规约治理规则，引导治理法治路向

约束性是契约的基本特征，通过规约规则划定治理界限，对治理行为或过程实施约束是契约的权威所在。治理的领域及范围，应取决于以法律为基准的控制，这种控制不仅划定了国家实施干预和监督的权力范围，也为自治组织或团体行使自治权提供了界限。近年来，依法治教的政策提倡引导教育走向法治路向，例如国务院印发《国家中长期教育改革和发展规划纲要（2010—2020 年）》和《全面推进依法治校实施纲要》等相关政策法规实施教育引导。随着教育领域新情况与新问题的出现，依法治校成为高校治理的必然要求。

高等职业院校通过章程建设树立法治理念，体现了章程对治理的规约作用。2017 年 1 月国务院在《国家教育事业发展“十三五”规划》中提出要全力推进依法治校，完善相关法律制度。教育的现代化发展不仅体现了教育从“传统”到“现代”的转变，也体现了高等教育从规模竞争到质量竞争的转变。从当前国际教育发展的整体形势来看，依法治校逐渐被纳入考察高等院校综合实力的指标体系中，它反映了高等院校治理的规范化水平，关乎高等院校的有序运行，体现了高等院校的教育与办学的民主化水平。作为体现高等院校核心竞争力的重要标志，依法治校成为高等院校内涵建设的重要内容。从功能上来讲，高等院校作为实施高层次教育的场所，通过法治化的建设，能够促进教育的传统行政管理理念向现代制度建设理念转变，普及依法办事、依法行事的治理理念，对提升教育质量以及形成民主法治的、健康的校园文化环境和氛围有十分重要的作用。我国高等院校依法享有自治权，国家对于高等院校的管理和监督以《中华人民共和国教育法》《中华人民共和国高等教育法》等相关法律规定为准绳。对高等职业院校来说，依法治校要求其依据章程行使自治权，以法治的方式来维持高等职业院校的运行规范的。一方面，对内而言，高等职业院校依法自主办学，规范办学行为和过程，需要接受高等职业院校内部和外部的全面监督。另一方面，高等职业院校作为社会组织，不可避免地要与社会其他组织进行联系，依法治校强调依据法律法规要求处理高校与社会互动的关系，维护高等职业院校的办学合法权益。通过章程的建设促进依法治校的常态化，是高等职业院校实施和落实办学自主权的保障。同时，在依据章程进行治理的前提下，高等职业院校还应着力建设具有可操作性的一系列规章制度，尝试从以往实际出发，总结治理中出现的问题与经验，结合高等职业院校发展特色和未来的发展方向，建设体现自身办学风格的制度体系，这是现代高等职业院校依法治校的建设重点，也是自主发展的必要选择。

依法治校的关键是要有完善的顶层设计，而章程作为高等职业院校自主管理的纲领性文件，其所提供的制度设计必然要从全局出发，统筹考虑各方。从办学方式来看，利益相关者因素突出是高职教育治理与普通教育治理的区别所在。在以章程为核心的内部治理制度体系建设上，将行业企业、政府、社会公众等利益相关者考虑在内，是关系到高等职业院校未来办学发展和治理实效的关键。现代职业教育治理着力实现的是治理系统内的统一与协调，高等职业院校治理利益相关者的团结一致，是达成治理目标的前提条件。因此，章程治理最重要的是从整体出发，对治理相关的人、事、物进行综合考量，在制定严格的治理规划以及具体的执行方案的基础上，使依法治校的理念贯穿治理全过程，以保证高等职业院校战略决策、教育教学、校园文化建设等种种工作在法治的轨道上有序开展。需要明确的是，内部治理中，高等职业院校治理涉及的各个环节、各个部门的规章制度都需要以章程为依据，保障章程的核心地位，在章程的实施过程中要进行及时的检查与监督，确保各个环节任务的具体落实。

在国家综合改革的大背景下，提倡依法治教、依法治校是教育治理规范化的发展路径，是我国教育改革对面向未来的现代化教育进行的积极尝试。现代职业教育的复杂性决定了实现高等职业院校的依法治理是一个长期的过程，需要克服重重困难，需要高等职业院校治理内部力量和外部力量的广泛支撑，尽管如此，在改革与治理的各个阶段依然应该做到坚持法治道路，坚持保证教育质量。

3.2.2 契约合意规约治理关系，协调治理行为

职业教育治理本质上是协调多元主体及其资源关系的综合改革，职业教育治理主体是包括政府、行业企业、职业院校和社会公众等在内的与区域职业教育发展相关的主体。职业教育资源是职业教育治理得以顺利运行的资本，是促进知识与人才共享的驱动力。契约治理是治理主体关于治理全过程事务表达合意的过程。现代职业教育强调“共治”“共享”的合作创新理念，职业教育资源的合理安排及利用有赖于良好、有序治理关系的形成及规范，因此，厘清存在于治理网络中的区域职业教育治理关系成为治理目标达成的关键。通过依据契约达成合意来规约治理关系是规范治理实践过程和行为的重要条件，是优化治理体制机制、深化与创新职业教育改革的重要基础。

高等职业院校治理限定了治理的责任范围，有限资源的优化利用是治理改革的关键。然而，治理实践中仍存在较多问题，如以校企为代表的主体互动不足，导致主体资源优势的深度融合存在问题，职业教育运作模式与市场机制的衔接不够紧密，企业的技术和市场优势与职业院校的专业、课程和人才资源优势达不到互补，往往造成资源的浪费。现代职业教育治理体系把政府、行业企业、职业院校和社会公众为代表的多元利益主体纳入进来，共同为区域职业教育治理改革着

力。各利益主体的相互影响、互动作用形成治理的网络化结构，以多主体、多方位的合作关系为基础，区域职业教育治理构架初现。治理内部关系涉及的资金投入、市场需求、政策支持、协作平台建设、实训基地创新、公众监督等各个方面之间亦是相互关联的，例如：政府与企业在区域职业教育治理改革中应该提供协作的平台，增强区域职业教育的资源共享；企业和职业院校应建立联动平台，通过共建实训基地、实施订单盟约推动主体资源的优势互补，促进职业教育与区域经济协同发展。

职业教育治理主体的良好互动体现了职业教育服务经济社会发展的功能。一方面，职业教育治理的关键是需使职业教育的人才总量、结构和素质适应经济社会发展的需要，而这主要取决于职业教育人才资本的积累。企业与职业院校互动才能打造优质的人才资源。职业教育为经济社会发展提供人才和技术支持，为经济社会发展提供人才保障；企业为职业教育提供实习场所和丰富的实践素材，是职业教育改革实践的基础和条件。另一方面，互动展现扩散效应。职业院校与行业企业的共赢合作使得行业企业获得效益，有助于提升其参与职业教育治理的积极性，多主体办学、职教集团的兴起及其快速发展正是多元主体互动合作的结果。

现代职业教育具有公益性，但其公益性同满足主体合理的利益诉求并不矛盾。在各方主体中找到利益平衡点，实现利益契合，是现代职业教育治理关系体现协同性的实践前提。协同性是区域职业教育改革适应现代职业教育体系建设的重要特征，多元主体的协同共建组成职业教育与区域经济联动的框架。职业教育的协同性关键在于治理过程中治理主体的“互动”与“协调”——“互动”体现了治理活力，“协调”保证了治理结构稳定。值得注意的是，这里的“互动”强调的是多主体、多方位“互动”，“协调”注重互动双方的同向合作、同步发展。具体来说，其一，职业教育治理的利益主体的互动都是双向的，并非一方的单方面主导。现代职业教育治理提倡平等协商，在治理过程中，政府、行业企业、职业院校、社会公众等主体以其拥有的资源优势展现不同价值，但在整个治理体系中，各主体地位在同等层级，这是治理主体双向互动的基础。在内容方面，各主体在提供市场信息、政策支持、协作平台建设、实训基地创新、公众监督等方面互助共享，各个主体之间通过协同对话的方式来协调分工合作、权力责任、监督评估等事项。其二，各主体的协作不必拘泥于单一方式，而是可以多样化开展，比如职业院校和企业不仅可以在实习实训基地共建方面相互支持，也可以在技术创新上展开更多的互动，行业企业不仅可以在人才培养上给予政府一些建议，也可以在市场供给上提供一些可行性建议。于此，各方主体在这种多方协作下形成合力，共同探索职业教育治理改革的新路径。

3.2.3 契约内容规约治理内涵，体现学校精神文化

学校精神文化是高等职业院校在长期办学过程中逐步形成的某一方面的或整体的最具典型意义的个性风貌。从纵向来看，学校精神文化即学校历史发展过程中形成的精神文化，是一所学校在时间维度上的精神文化积累和沉淀，体现学校的文化传承。从横向来看，学校的精神文化体现了学校在办学定位、人才培养、学科建设及社会服务等方面的布局和特征，体现了学校办学的独特之处。时间的维度是一个历史维度，世界是存在时间维度的，世界的发展不是循环往复的，也不是迭代存在的，而是从过去到现在的变革，是新事物代替旧事物的正向发展，因为不断的变革，世界就越发复杂。而教育的使命就是提供能够进行批判的、多维度解决问题的方法和思路、善于挑战的头脑和认识人类社会和宇宙的不确定性的能力，以及对未来美好生活的愿景。①

作为与经济社会发展具有直接联系的教育类型，职业教育承担着为国家培养技术技能型人才的重要使命，其独特的教育培养目标定位决定了职业教育具有不同于普通教育的鲜明特点。高等职业院校是实施高层次职业教育的主要阵地，有着自身独特的教育教学和人才培养模式，其特有的办学理念与文化个性应该在章程内容中得到体现。法

① 埃德加·莫兰. 复杂性理论与教育问题[M]. 陈一壮，译. 北京：北京大学出版社，2006.

治下的高等职业院校治理应该是依据章程来实施的院校治理，在治理中应该体现高等职业院校自身的特点和发展诉求。所以，其章程应该体现高等职业院校的办学特色和文化个性，体现不同的院校办学定位的差异，同时各高等职业院校在长期的发展中积淀的建设经验、文化特色和教育理念都应该纳入高等职业院校的章程内容中，以丰富的治理内涵体现学校独特的精神文化风貌。现阶段高等职业院校的治理改革，不仅需要结合区域或地区的人文特点，展现区域职业院校的人文精神和特色，更重要的是要在继承的基础上进行传播与创新，传播优秀的院校治理历史经验，结合当代先进的治理理念，尝试对新发展阶段的院校进行创新治理，体现高等职业院校治理的发展性特征，实现从过去到未来的治理继承与超越。

高等职业院校的发展应该与高等教育发展相适应，在章程中体现具有院校特色的办学目标，这不仅是院校内部建设的需要，还是院校可持续发展的外部环境要求。一方面，不同的办学定位决定了不同的内部治理制度安排。因此，治理组织机构设置和治理内部结构调整都应体现院校发展特点和未来发展目标。故高等职业院校应在保障院校学术自由的基础上，确立院校治理的可持续发展目标，不断完善内部治理结构、改进治理体制机制，实现章程在实践层面的可操作性。另一方面，高等职业院校之间的差异化定位是其内部学术文化个性的体现。不同的学术文化造就不同的章程理念，高等职业院校章程既要体现院校自治的独立性，又要符合对多元文化的包容性，这有利于通过多样化的治理活动形成不同的治理模式，增强高等职业院校内部治理的针对性。

同时，治理的共识要通过文化共识实现。章程是一种治理约定，反映治理主体关于治理事务达成的共识，这就需要明确治理中的文化要素。教育中的文化应该指向未来和超越的本质，教育的文化内涵赋予教育治理的内在文化生成特征。在新的发展阶段，职业教育更需要以先进文化为引领，注入发展新活力。将文化作为一种隐形治理力量引入治理过程中，是开拓具有中国特色的现代职业教育治理之路的勇敢创新，文化塑造与院校治理、发展紧密结合体现了教育治理能力的独特内涵。

3.3 高等职业院校契约治理的合理性

所谓合理性指的是个体或组织的行为或活动合乎理性，体现治理行为和治理过程的科学化和规范化。高等职业院校治理的合理性主要表现在：合理赋权是契约治理的基础，合法实施体现契约治理的权威性，现实履约为契约执行提供可能性，规约开放有助于治理规则的优化。

3.3.1 合理赋权：契约治理的基础

通俗来讲，契约是双方的约定，是约定的双方关于某项事务达成的共同协议。对双方具有约束效力是契约形成的基本条件，一旦契约建立，就形成了对某项事务中双方权责的认定，在约定的时间和空间内不可违背。契约实质上是对权责的划分，从一定意义上来说，契约的建立过程是对利益主体的赋权过程。

“赋权”最早指的是分配权力的活动，是通过活动来给予弱势群体权利，这种活动也可以看作一种过程，即个体、组织或社会团体获得对某项事务的控制权的过程。从概念上来解析，赋权中的权有两层含义：一是指权力，强调对生活事务的控制力；二是指权利，是个体主观上获得控制权的感受。在行政理论概念里，治理强调独立的空间，在此空间内的组织成员可以自主决定、自由选择，但前提是其必须具有行使权利的能力，组织的独立自主必须建立在获取权利能力的基础上，而这都要基于合法的赋权。所以，在一般意义上，赋权的对象不仅有弱势群体，还有需要行使权力或者借由权力的获得达成某种目的的组织或团体，赋权通常都带有积极的色彩。在福柯看来，赋权是社会互动的过程，他认为权力必须在社会关系网络中形成或建构，并且只能在这样的社会关系网络中才可以发挥作用。因此，可以说，赋权不是一种单一层面上的概念界定，而是一个具有多层次含义的概念体系。依据契约而进行的治理，具有构建制度框架和引导治理的双重使命，是治理的多元利益主体基于自身利益诉求参与治理的过程。一方面，构建多维度的网络治理结构需要各主体的积极参与，需要通过赋权给予主体权力；另一方面，各主体在治理体系中的沟通与互动需要通过赋权来实现，通过赋权获取主体治理关系建构的基础。

在治理中，赋权是将治理决策权和治理资本的控制权授予或者说转移到哪些利益相关者的手中，因此，赋权可以看作一种参与权力分配的过程，契约赋权存在合理性，原因如下。首先，通过契约赋权赋予治理主体一定的权力是提升治理资源有效利用率的前提，当进行治理选择的时候，被赋权的主体就能够体验到治理支配能力的增加。赋权不同于授权，授权是管理者将自己应当承担的责任或工作权限授予下属，下属并没有获得该项职责或工作所应享有的全部权力，授权者与被授权者的管理与控制关系是通过权威实现的，这就使得双方的沟通交流存在一定的隐患。与此相比，赋权意味着自主权的获取或享有。治理是实践的过程，实践中出现的各种问题需要治理主体及时解决，通过契约赋权给予治理主体一定程度的资源支配和利用权力，有利于治理资源和空间的良好利用和协调，提升治理效率。其次，市场的高度复杂性与多变性为赋权的实现提供了可能性条件，越是与市场紧密相连，越是需要获得更大的自主权。事实上，章程的建立对利益相关者的权责进行了明确划分，在通过协商达成的权力范围内，利益相关个体或群体享有治理的权利和义务。行业企业作为现代职业教育的利益主体具有参与高等职业院校治理的权利和义务，作为与市场联系最紧密的利益主体，行业企业具有其他利益主体无可比拟的市场敏感性，赋予行业企业治理自主权，能够及时反映治理问题，捕捉市场信息，为治理提供调整战略方案的条件，扩展治理所需的时间和空间。

3.3.2 合法实施：契约治理权威性的体现

合法实施是指治理的实施行为和过程符合法律规定，它保证了契约治理的权威性，在院校治理过程中，合法实施是展现治理能力的关键部分。那么什么是合法性呢？简单来说，合法性即对统治权力或者控制力的认可，是对一种治理秩序的认可。

对于社会组织来说，合法性具有两层含义。对内而言，合法性代表着组织内部对于文化取向与价值判断的一致性，这种一致性代表了一种标准，是判断组织成员是否融入的标准，也是确定组织行动方向的价值标准，只有符合这个标准，才可以获得合法性，取得组织的认同。对外而言，任何社会组织都不是独立存在于世界的，都需要和周围的社会环境相适应，组织的活动准则和运行都要符合整个社会的运行规范和要求。因此，合法性是社会组织建立行动体系和组织机制需要首先考虑的因素，它不仅指现实中的组织运行应合乎法律法规要求，还包含一些隐性的规范要求。

治理合法性与权力有关，治理权力的合法性必须满足三个条件。第一，治理权力必须具有合法来源，这种权力是不会凭空出现的，而是来自正义和理性的授予。人类对公共利益的追求决定了政府购买公共服务要将正义和理性作为价值追求，以获得公众的支持和认可。第二，使用权力的治理主体在规模上必须符合相关法律法规规定，必须符合主体范围界定，是能够符合社会公众的利益表达的主体。第三，治理权力的行使必须在民主的范围内，体现社会公众对治理的要求，追求治理结果的公众认同。

通常来说，全体趋同现象常常会发生在组织发展过程中，这本质上是一种追求合法性地位的行为，是组织群体企图通过行动模仿来寻求认同的表现。对于高等职业院校来说，多元利益主体参与治理需要获取合法性地位，通过契约实施的实现机制实际上为多元利益主体获取合法性地位提供了条件。首先，契约为多元利益主体提供了治理行为合法性的标准，有利于多元利益主体治理过程中的行为趋同；其次，契约所蕴含的价值理念为多元利益主体寻求认同提供了基础，多元利益主体在寻求利益契合的基础上调整治理行为，实现治理规范化。契约实施的合法性应包含契约价值合法、契约主体合法和契约实施程序合法三部分内容。具而言之，契约价值合法是指契约要符合职业教育治理现代化既定的价值趋向，如果符合这种价值取向标准，契约价值就具有了合法性。整个现代职业教育体系的规范机制，是指整个社会在运行中能够使治理利益相关者都认同的一种价值理念。主体合法性指的是在大多数情况中，如果一个利益主体内在的价值与思维能够与社会公众所认知的价值观念或取向保持高度一致，那么它就可以获得合法性。契约实施合法就是指一切组织的生存与发展都必须放到治理的框架中去检验，一个契约要想得到社会认可并保证治理实施的合法性，就要遵循治理秩序和过程规范。事实上，高等职业院校合法使用契约是治理实践的需求，但仅有实践需求是不足够的，契约还必须具有合法的生存空间，即从法律上保障契约存在的空间，给予高等职业院校使用契约治理的充分保障，这样高等职业院校基于契约的治理行为和过程，才会具有合法实施的可能。

3.3.3 现实履约：为契约执行提供可能

契约的执行以利益主体对治理问题达成合意为条件，利益相关者的合作性关系是治理问题能够达成“和解”的基础。社会各要素在整体中的协调发展是社会和理性发展的实践模式。对于高等职业院校治理来说，高等职业院校的改革发展得益于整体治理体系各个要素的良好协调，而不是某一个要素的发展，这必须要从整体的角度来看。在一定社会条件下的院校治理有其时代特点，社会的合理性要坚持从发展的整体来看，不能割裂开来。马克思认为，社会发展的协调分为内部和外部两个部分：从外部来说，社会发展要与人的发展、自然的发展相协调；从内部来说，社会发展依赖社会结构各要素之间的协调关系。整体的协调与发展是相辅相成的：没有整体要素的协调就没有发展，协调本身指的就是整体的协调；没有整体发展就没有协调的前提，发展得益于整体结构中各要素之间良好的合作。对高等职业院校治理来说，治理的实现需要以治理利益相关者之间的互助合作关系的建立为前提，关于治理问题能够达成“和解”是契约执行的前提，章程以契约的形式对治理主体的权力、责任、义务进行了明确划分，为治理问题的内在统一提供了条件。

治理的利益相关者建立合作关系的另一个重要条件是表征契约的章程满足了利益相关者的共同利益。在高等职业院校治理中，各利益主体因参与治理形成共同体关系，各主体参与治理往往多表达各自的利益诉求，比如政府通过参与院校治理实现其对教育这种“公共产品”的引导与监督，企业通过参与院校治理获取有利于自身发展的物质和人才资源等。契约的建立证明了各利益主体之间共同利益的存在，而这种共同利益指的就是院校治理目标的实现对参与治理的个体或组织利益所产生的直接或间接助力，共同利益显然有助于达成共识，由此也就为契约的执行提供了可能性。值得注意的是，共同利益与主体参与治理的愿景以及治理整体的利益诉求有关，在章程制定过程中，明确提出共同利益，并把其作为治理多方的共同目标，会在很大程度上推进治理的执行与完成。

在治理中，契约关系得以形成，但治理效力的发挥还需要契约的切实履行。现实中的契约履行常常需要通过自我履约来实现，当自我履约范围难以界定或模糊存在时，就会出现一方或多方的违约行为。自我履约是指契约的履行不依赖于第三方强制或监督来实现，而是基于签订契约的当事人的自觉履行行动。所以在一定程度上，自我履约也是契约的自我实施。因为排除了第三方的强制干扰因素，契约的执行完全依赖于其对另一方的履行判断，所以一旦契约的一方出现违约行为时，契约就会立即终止，交易成本也会损失。只有契约双方或多方同时实现自我履约，契约才会最终完成。

从组织行为的角度来看，依据契约进行的高等职业院校治理在很大程度上要依赖于社会资本。社会资本是社会组织的特征，它的存在有助于协调公共事务、建立信任机制、维护道德等。在契约治理中，它们都对契约的现实履行起到一定积极作用。社会资本是无形的，它通过个体与个体之间的合作提高社会整合度，其表现形式有社会规范、社会关系、信任及社会道德等。

社会规范是组织成员间经过长期的对组织习俗、惯例等的传承而形成的行为规范，它对组织成员的行为起到约束作用。规范一旦形成，组织成员能够自觉地遵守而不需要组织外力来强制约束，是对组织行为的无形的规范。

社会关系指的是组织中人与人在交往过程中形成的关系，是组织形成和维持的重要条件与基础。良好的社会关系可以增强组织的凝聚力，提升治理效力。在组织中，维持良好的社会关系也是组织成员需要做到的。从个体来讲，良好社会关系的建立是个体实现自身利益诉求的重要条件，通过不同的社会关系可以获取信息和资源；从外部来讲，维持良好的社会关系是组织契约条款能够有效执行的保证，有利于组织维护内部和谐、达成长远利益目标。

信任机制是社会资本的重要内容，它的建立有赖于组织成员间的诚实行为。但是由于信任是基于个体对另一个体的感性认同，常常是没有规律可循的，且信任一旦打破，便很难再建立起来，因此，信任机制的建立和维护需要全体组织成员共同努力，而不能仅依靠某一个个体。

道德作为一种内在的文化力量，在契约的履行上发挥积极作用。

3.3.4 规约开放：治理规则的优化路径

对于高等职业院校治理而言，章程的重要功能是进行政府、行业企业、职业院校、院校师生等利益相关者的权、责、利配置，以提高治理的积极性，降低治理的执行成本，提高治理实施的效率。由于章程与契约的内在一致性的存在，章程的条款实际上可以看作利益相关者参与治理需要遵循的契约规则，而且是一定历史条件下形成的契约规则。但由于人的有限理性的存在，契约规则不可能是完美无缺的，时代的转变和契约本身实施的实际需要，都要求表征契约的章程具有开放性的特征。

契约开放以契约蕴含的正义和自由理念为前提，这就使高等职业院校的治理能够朝着公共利益最大化的方向前行。多元主体的参与为契约执行提供了冲突发生的可能性，因为不同的治理主体具有不同的利益诉求，利益有分歧时冲突便出现了。但是治理中的冲突并非不可调和的，人类的理性以及达成治理目的的追求促使他们通过彼此协商、签订契约的方式来调和冲突。而治理主体进行协商的前提是契约主体具有自由意志，可以自主作出决策而不受其他力量挟制，即在法律允许范围内，可以自由地决定自身的行动和支配财产，而无须受制于其他人的意志，以此保证治理中主体可以充分、完全地表达自主意愿，并对契约的内容、方式和范围进行自由选择。自由代表着权利，霍布斯认为人的自然、自由和平等是绝对的，这是人的自然权利，自由就是在其力量所及的范围内，可以不受阻碍地做其所愿意做的事情。但是自由是有界限的，不是绝对的无条件的自由，因此，治理主体通过订立契约来限定自由的范围，以避免绝对自由带来的冲突和暴力。

章程的开放性体现在章程不是一成不变的，而是可以根据治理实践的需要进行规则的优化。

一方面，从内容上来说，契约需要不断增补完善。“语言的局限性、疏忽、解决契约纠纷的高成本、由信息不对称引起的弱或强的非契约型契约和垄断经营的偏好会引起契约的不完全性问题。”[①]契约的内容本身存在着可优化的空间。根据波斯纳的观点，契约法的基本功能是组织人们对契约的另一方当事人采取机会主义行为，以促进经济活动的最佳时机选择，它的另一个重要功能是通过加入遗漏条款而使当事人的协议变得更为完满。

另一方面，从时间角度来说，在当前现代职业教育改革转型的新时期，院校章程的制定要与当前的高等职业院校发展实际相适应，符合高等职业院校内涵式发展需要。章程的实施和执行需要在院校治理现代化的理念与思路之下，这就需要为章程的规则优化注入现代化的理念，比如职业教育治理提倡的“和谐共赢”的理念、职业教育产教融合的发展理念等。章程规则的优化也是现代职业院校不断调整自身、探索治理规律以适应改革发展新局面的一种表现。

值得注意的是，虽然章程具有开放性的特点，但是章程并不能随意改动，其需在必要的情况下，在相关利益主体经过协商同意修订的情况下才可以进行修改。因此，可以说，章程是动态和静态的统一，动态保证了章程规则具有优化的空间，静态主要指章程条款的相对固定性，不能随时、随意地修改，保证了章程的权威性。

需要强调的是，契约治理是符合现代高等职业院校治理改革趋势

① 科斯哈特，斯蒂格利茨，等. 契约经济学[M]. 李风圣，译. 北京：经济科学出版社，2003.

的，但治理是无法一蹴而就的，需要付出长期、艰辛、复杂的努力。这就意味着契约必须随着实践的推移和现实社会发展的需要而不断改进，是一个循序渐进的过程，而不是一种突变。治理利益相关者的多元性决定了契约治理会面临冲突和矛盾，而这必须通过沟通和协商克服。同样的，不同的治理阶段和治理内容可能存在很多形式差异，治理中的秩序混乱也会显现。在当前教育综合改革的背景下，高等职业院校需要在这种契约化的进程中迅速、妥善地发展自身，并考虑院校未来的前途以及契约在其中的地位和作用，积极参与到契约的筹划和制定进程中去。

3.4 高等职业院校契约治理的价值

高等职业院校契约治理是推进高等职业院校依法治校的重要尝试，对促进治理全过程的规范化、科学化具有现实意义。在治理实践中，高等职业院校契约治理体现出独特的价值，反映了立足我国治理实际的高等职业院校契约治理的正向功能。

3.4.1 凸显利益主体的有机团结

现代教育改革提倡“共治”“共享”，强调职业教育治理过程的有序。在治理过程中，多元主体的性质和利益诉求不同，但都以“共治”“共赢”为原则和目标，利益主体的有机团结使得整个治理框架系统性特征凸显。

有机团结是一个社会学概念，用于描述一种异质性主体相互依赖的集体意识。迪尔克姆认为，分工越细，个性越鲜明，每个人对社会和其他人的依赖性越深，社会整体的统一性也就越高。在现代化视域下，职业教育将是一个集人才培养、职业技术培训、科技开发服务和文化传承建设于一身的、功能完备的体系。作为我国现代职业教育治理体系建设的重要内容，职业教育治理在符合国家现代职业教育治理体系建设大方向的前提下，应根据职业教育改革的特点和优势因地制宜，以利益主体的有机团结实践运行支持实现资源的有机组合和有机利用，满足职业教育改革创新发展的要求。职业教育治理体系是一个动态、复杂的整体系统。从系统外部来说，职业教育以地域划定治理范围，地域以内资源为治理要素，通过与经济社会互动保持系统的外部适应性，实现治理环境的平衡。从系统内部来说，以政府、行业企业、职业院校和社会公众为代表的各个主体系统模块是相互作用、相互依赖的。系统按照一定的治理规范运作：主体在制度建设、产学研结合、合作交流、社会服务等方面的良好协调体现系统结构的有序，有序的结构展现系统模块组合的有机，主体在能量、物质、信息等不同治理要素之间的依赖关系是主体团结的前提条件，有利于系统整体功能的最大发挥。因此，应从顶层设计上强调系统的整体协调性，注重区域职业教育治理的各个主体模块的有机协调，在治理过程中注重整合机制、共享资源，提高各个模块的功能，有助于系统发挥整体效应，提升区域职业教育治理的整体效果。

契约治理是遵循契约的治理，契约是人类通过自由选择而达成的。治理涉及多元利益主体，治理实质是一种多主体的交往行为，良好治理关系的建立有赖于治理主体间的相互理解和支持，“达成共识”是治理实施的最终目的，也是契约治理的基础条件。无论契约是历史原因还是方法论上的拟定，都不是十分重要的，因为无论如何，所有的义务都会被认定为是主体自己的选择。这就要求治理主体基于个体理性，建立共同的治理目标，在公开的环境中通过充分的协调、沟通，对治理的规则、方法、原则进行选择，并最终达成治理的契约合意，基于此的契约就蕴含了某种自然约束效力。“义务向来是亦可以诉诸外力强加设定的，最有效的约束是个体内心的力量，只有被个体认同并自愿承担的义务才具有长久履行的可能。”[①]高等职业院校治理运行有赖于治理规则的制定，当规则的制定是遵从治理主体个人意志的自由选择时，治理主体对规则的遵守就是自觉自然的，是符合其内心价值追求的，是在不加外力约束的情况下治理主体依然可以自觉履行的。

① 霍布斯. 利维坦[M]. 黎思复，黎廷弼，译. 北京：商务印书馆，2009.

同时，还应看到，基于契约的有机团结在一定意义上也是治理主体自我保护、规避风险的理性选择。高等职业院校作为一种教育组织，具有组织的属性，组织权力的行使有赖于治理主体间建立友好合作关系，因此，通过达成契约强化组织系统效力、实现治理的规范化是现代教育改革应该提倡的思路。现代契约关系的建立是持续努力继承与改善治理关系的结果，是协调利益和权力网络、应对治理难题、发挥治理实效的条件。通过契约的方式来共同抵御风险，是处于当代教育竞争激烈的环境下的最佳选择。一定意义上，基于章程的高等职业院校治理是主体的一种治理愿景，是有意愿达成某种治理状态而通过彼此合作形成的治理共同行为，处于平等地位的主体愿意选择订立契约这种方式协调彼此的治理要求，确定治理规则，决定治理的相关事务目标。理性的主体在治理协商的前提下选择契约内容，这种内容首先一定是基于治理主体想要通过合作来规避交易风险的事实意愿，因此，契约实际上排除一切以自我为中心的不理性手段，以及牺牲集体利益的自我保护。这同样也体现了治理主体的“有机团结”，是在治理价值取向和治理目标上的团结。

3.4.2 实现治理程序的公平正义

作为一种先进的制度理念，程序正义早在 13 世纪就出现在英国的普通法中，13 世纪后在美国得到了迅速发展。程序正义强调法律程序应当符合公平、理性和正义的基本理念，法律程序中的任何一个环节都不能是随意的或反复的，它要求涉及法律事实的过程和方法必须是公正的、合理的。法律程序的公正使得与判决结果有关的权益当事人可以得到合理的法律告知，并从而获得提出主张和辩护的权利。程序的合理、公正在一定程度上可以维护自由，在法律的实施上，如果可以选择的话，社会公众宁愿选择较为严格、公正的法律程序，也不愿选择相对宽松却不公正的法律程序，因为严格的法律程序的价值取向是程序正义。所以，对于判决的结果而言，审判的过程应该是公正的，判决的执行应当是正义的。同时，程序正义要求参与协议的个体是具有正义感的理性个体，这是公平协议的前提。

对于治理而言，治理过程即实践的过程，是以章程这种“内部法”为依据实践高等职业院校治理的过程，体现了程序正义。程序正义是现代高等教育管理的要求，也是国家治理改革公平、正义的原则要求。基于章程的现代高等职业院校治理是包含程序正义理念的治理，依靠相关利益主体关于公共治理的讨论难以保证彻底解决问题，只有公正的治理程序才能有效保障治理正义的实现。罗尔斯认为，正义的社会是理想的社会，这个社会中的人类是理性的和存有善意的，人类在社会中可以平等地享有机会。“一种能够自动地维护社会成员利益的，并秉持公开的正义观的社会才是良好社会，这样的社会制度符合正义原则，也能够普遍地被每个人接受。”[①]罗尔斯的正义观以自由和平等的契约精神为思想基础，认为契约自由的根本是正义原则的实现。然而在治理现实中，我国的高等职业院校治理存在的治理制度缺失、治理权责划分不清晰、治理主体参与不完全等问题往往会导致治理程序混乱、治理秩序失衡，现代职业教育的治理正义得不到彰显，严重制约了我国高等职业教育治理的整体步伐。由此，加快我国高等职业院校治理进程，需要推进高等职业院校治理的程序正义。只有治理的方式和过程遵循正义原则，才能实现治理决策程序过程的公正性；同时，还需要治理相关利益主体参与决策过程，明示决策理由，这样才能提升治理的正当性和合理性。整个过程应始终坚持平等协商的原则，在有价值或利益冲突的时候通过理性方式来解决问题。

综上可以看出，程序正义是高等职业院校治理的原则，也是其治理价值所在。从契约论的角度来看，契约的形成是达成合意的结果，这种契约合意可以被视为正义的，维护的是治理权力的形成过程。所以，在一定意义上，如果制度的选择过程是正义的，那么在这个过程里达成的任何的结果都会是正义的和富有理性的。在治理中，要实现程序正义就要做到以下几点。

首先，在资格上，所有参与契约制定的主体应该具有平等的参与

---

① 约翰·罗尔斯. 正义论（修订版）[M]. 何怀宏，何包钢，廖申白，译. 北京：中国社会科学出版社，2009.

资格，也就是说，每个利益主体在治理中的地位是相同的，没有任何地位和身份限制，所有主体都是平等的。作为治理结构和社会结构中平等的个人，治理主体参与治理的权责都具有绝对意义上的平等性。这种平等，在法治的概念下是存在的，在政治领域视野中也是存在的，但是在处理公共问题时，这种绝对平等又有不同的理解，即在参与主体具备多重身份时，这种平等就要区别于具有单一身份的主体。但不管主体的身份如何复杂，作为契约中的一方，和其他的主体进行契约协定的地位仍是平等的。

其次，参与治理的主体之间的关系是平等的，以此确保契约是基于平等状态下的自由意志而制定的。这样，在协商过程中，契约主体就可以没有顾忌地表达自主意志。平等协商是保证契约程序正义的基础，若缺失，其有效性是难以保证的，即使契约达成也很难确保治理结果的正义。

3.4.3 体现权责统一的实施机制

高等职业院校治理主体指的是参与治理的相关利益主体，基于不同的社会角色和地位，不同的主体有不同的价值和利益追求。多元主体参与治理，依据契约划分治理的权利和义务，这就确定了其作为主体的治理资格，也代表了主体对参与治理的权利和义务的认同，且这种权利和义务是受法律保护和约束的。在教育治理中，契约赋予了个体自主参与治理的“合法”权力，并提出治理的责任要求，以保证治理过程和程序的权责统一，这是教育治理迈向现代化的关键。同时，由于参与契约制定的主体往往不是唯一的，所以订立契约也为主体之间的关系设立了约束，提供了治理关系建立的多重可能性。由此，采取契约约定的方式，在个体、组织或社会团体间用契约规则来处理私人或公共事务，成为一种具有操作性的选择。

简单地说，契约的形成有两个前提。

第一，契约主体之间是平等的。个体只有在自由、权力平等的情况下，才能缔结有效契约，虽然作为契约主体的个人在能力、身份和经历等方面不平等，但“人在身心方面的能力基本都是相等的”[①]，即个体在治理权利、治理人格等治理本质上是完全平等的。现代教育治理中不应该存在控制与被控制、压迫与被压迫的关系。

第二，契约主体之间是相互认可的。契约是两方或多方共同签订的，需要两方或多方的共同维护，契约主体的互认是契约能够实施的前提，一方权力的实现有赖于彼此对契约的履行。治理通过协商确定规则，主体基于信任采取的治理行为是对治理规则的遵从，有利于实现善治格局。

治理作为一种谋求社会合作的现代价值取向，它关注的不是传统的行政或工具手段，而是基于问题的协商与沟通，强调对话合作与相互理解。契约中所划定的主体权责如果不够具体，则需要制定相关的规章制度进一步说明。从契约的效力来说，通过制定契约约定双方或多方的权责和彼此的职权范围，这样的职权划分和责任分配常常是有效的，但是并不是法定的，不具有法律的强制作用。而且在一般情况下，契约的制定都是针对某件事或某一问题的专门处理，契约有特定的指示对象和事件，所以并不对所有的公共事务都具有约束作用。所以，针对契约的此种特点，高等职业院校的契约治理要注意治理主体的权力范围的划定，比如，需要在章程中明确治理主体的权责界限，详细阐释不同主体需要履行的治理义务。这里需要注意，在权责关系上应该明确几点。其一，权责共有。治理是指向现实问题的，因此，治理主体获得治理权力的同时也应强调责任的履行。如果只有权力没有责任，会导致权力的滥用，致使自利行为和机会主义行为出现；如果只有责任没有权力，会限制治理主体发挥治理能力。因此，治理首先要明确的就是权责意识，在行使权力的时候必须要承担责任。其二，权责统一。所谓统一指的是权力与责任在范围和程度上的对称，权力过大或者责任过重都是不合适的，不利于彰显治理的公平和正义。其三，治理权必须要受到监督。治理监督是治理规范的保障，是把责任落到实处、保障治理运行的手段。面对治理的不公平、不理性、不正

① 霍布斯. 利维坦[M]. 黎思复，黎廷弼，译. 北京：商务印书馆，1995.

义，需要一种新的管理格局，采取创新的管理方式，对治理的问题、矛盾、冲突进行妥善的处理，以保障治理的权力运用正确，治理责任落到实处。

3.5 本章小结

本章从治理的缘由出发，阐释了现代职业教育的区域性、实践性和开放性的基本属性，论述了契约对治理的规制性、契约治理的合理性和契约治理的价值等方面的内容，揭示了基于章程的高等职业院校治理之义。同时，本章还立足理论阐释，解释了基于高等职业院校治理研究相关的概念与关系，承接前一章关于市场、政府和院校自治理念，为后一章研究基于章程的高等职业院校治理现实奠定了坚实的理论基础（见图 3-2）。

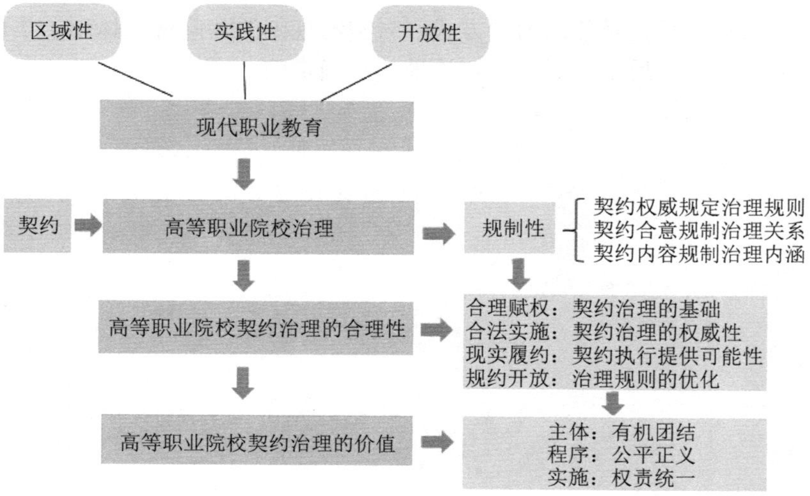

图 3-2 第三章逻辑框架图

在内容方面，本章主要论证了基于章程的契约治理本质，主要论点为：章程是契约的表征，是契约在院校治理中的一种实体表达。章程是高等职业院校利益相关者通过协商共同签订的有关高等职业院校权利与组织结构、运行与发展等相关事宜的契约，基于章程的高等职业院校治理本质是契约治理。现代职业教育具有区域性、实践性、开放性的基本属性，高等职业院校的契约治理以此为基。对高等职业院校治理来说，契约对治理的规制性体现为契约权威对治理规则的规定、契约合意对治理关系的规约以及契约内容对治理内涵的规约。高等职业院校的契约治理具有合理性，原因如下：合理赋权是契约治理的基础，合法实施体现契约治理的权威性，现实履约为契约执行提供可能性，规约开放有助于治理规则的优化。在治理实践中，高等职业院校契约治理体现了独特的价值，反映了立足我国治理实际的高等职业院校契约治理的正向功能。

治理是以问题为中心的，它提供解决问题的途径，而这必定涉及治理的权利和义务、利益与责任，这是现代职业教育提倡公平、正义的治理价值取向决定的。高等职业院校治理必须是相关利益主体共同分享权利、承担责任的治理方式，对契约规则的共同遵守体现了治理的公共理性，反映出现代教育治理的正确走向。

第四章　基于章程的高等职业院校治理困局及其原因

党的十九大精神为教育改革定向，十九大报告中提出的战略规划为职业教育体制机制改革提供了契机。在推进现代职业教育治理体系现代化的进程中，基于章程的高等职业院校治理不仅是目标，也是手段。然而，在治理实践中，章程视野下的高等职业院校治理问题重重，那么究竟存在哪些治理问题，造成这些问题的原因又是什么？故基于治理现实，剖析治理问题，突破治理困局，提高治理效力，成为推进职业院校治理现代化进程中面临的新课题。

4.1 基于章程的高等职业院校治理的有序状态

“序”是从内部建立起来的一种平衡，现代职业教育治理的理想状态即为“有序”，它体现为高等职业院校治理的需求导向服务供给合理、决策科学、资源配置优化、组织运行凸显治理实效、利益分担的实施机制健全。现代职业教育的现代性决定了现代职业教育治理能力具有超越传统的特质，它赋予现代职业教育治理强大的动力内核，彰显现代职业教育治理模式特征。

4.1.1 服务供给合理

实现供求平衡是现代高等教育改革与发展的目标。近些年，我国高等职业教育的规模快速发展，取得了举世瞩目的成绩。《2019 年全国教育事业发展统计公报》显示：全国各类高等教育在学总规模 4002 万人，高等教育毛入学率 51.6%。全国共有普通高等学校 2688 所（含独立学院 257 所），比上年增加 25 所，增长 0.94%。其中，本科院校 1265 所，比上年增加 20 所；高职（专科）院校 1423 所，比上年增加 5 所。全国共有成人高等学校 268 所，比上年减少 9 所；研究生培养机构 828 个，其中，普通高等学校 593 个，科研机构 235 个。普通高等学校校均规模 11260 人，其中，本科院校 15179 人，高职（专科）院校 7776 人。[①]但从供给的角度来看，我国高等职业教育的供给现状并不是十分令人满意。高等职业教育的政策制度不完善、管理体制落后、高校办学自主权难以落实、产教融合成效不足、人才培养质量堪忧等问题，都影响着高等职业教育的改革与发展。经济社会的发展和转型升级对高等教育提出了改革要求，即优化人才培养模式和供给结构，改革和创新高等职业教育的供给方式，提升适应和服务社会经济发展的能力。结合实践，高等职业教育供给改革应该包括以下内容。

1. 标准供给

重建和完善高等职业教育标准体系是实现高等教育战略目标的关键。要提升高等职业教育的人才培养质量，提升高等职业教育的整体发展，首先要完善其标准体系，它主要包括两方面的内容：质量标准和评价标准。质量标准指的是高等职业教育人才培养的质量标准，包括高等职业教育专业教学标准、课程标准、实习实训标准和专业教师标准等内容。质量标准包括高等职业教育专业认证标准、课程和教学考核标准、实习实训考核评价标准和教师培训与培养的考核评估标准等。完善评价标准是加强教育教学监督、完善评估体系的重要条件。据此，国家应及时修订与完善相关标准以适应现代教育改革发展的步伐，为高等教育人才培养与治理考核提供参考。

2. 制度供给

依法治校、依法治教的根本保障是完善的制度供给。制度供给主要从内、外两个部分来提升高等职业教育的制度化水平。从外部来说，

① 中华人民共和国教育部. 2019 年全国教育事业发展统计公报[EB/OL].（2020-07-01）[2020-05-20]http://www.moe.gov.cn/jyb_sjzl/sjzl_fztjgb/202005/t20200520_456751/.html.

高等职业教育制度供给改革主要包括推进产教融合制度、招生制度、考试制度等，以及完善高等职业教育创新创业制度等。从内部来说，高等职业教育制度供给主要包括高等职业教育办学自主权、学生实习实训、教育教学管理等制度。积极推进高等职业教育相关制度建设，以制度的完善保障治理秩序的稳定，提供高等职业教育公平、开放的制度环境，提高办学效益是提升高等职业教育制度化水平的基础条件。

3. 质量供给

近年来，我国高等职业教育质量尽管有了一定程度的提升，但高等职业教育人才质量依然难以满足行业企业的用人需求。基于产业结构调整与升级的经济社会发展速度加快，职业教育的人才培养质量应该与之相适应。因此，高等职业教育应该着重关注质量建设，发力教学与管理改革，面向市场，优化人才培养层次结构，重新建立人才培养计划和标准，以区域社会、经济发展需求为导向，集中力量增加对人才资源的技术技能提升、创新文化供给和技术资源供给等方面的投入，力求做到质量与效益的平衡。

4.1.2 决策科学、资源配置优化

在强调大力推动职业教育发展的同时，“让市场在资源配置中发挥决定性作用”的指示再次突出了市场在促进资源配置优化中的基础性作用。这就意味着要着力推动我国职业教育向依法治理的转型。依法治理强调治理的规范化、科学化，即通过建立科学的决策机制、互通机制和办学机制提升资源配置水平。

1.“管办评”分离的决策机制

“管办评”分离的治理决策机制是高等职业院校治理改革的一种新的尝试，其基本目的是改变传统治理的单一管控模式。一方面，高等职业院校治理是多种社会力量参与的综合治理，各利益相关者在治理中发挥着积极的作用。全球一体化发展提高了职业教育发展的国际化水平，同时也使得职业教育的发展环境愈加复杂，这就决定了职业教育的发展不是取决于某一部分或某一个体的力量，而是取决于整个

系统的治理能力，是各主体集体参与发挥力量才能完成的治理。为适应这样的变化，职业院校治理必然要构建新的组织形式、治理关系结构和运行模式。另一方面，从现代教育改革与发展的演变可以看出，市场的繁荣使其逐渐成为教育资源配置的责任主体，而政府逐渐转变为有限责任主体。新时期的教育治理发展要求建立政府有限参与的多元共治治理模式，通过设计完善的制度来保证职业院校管理、办学和监督评价的权责分配。

2. 资源融合的互通机制

长期以来，政府在高等教育治理中以其政策优势和信息优势对高职教育发挥着引导和支撑作用，以政府为主导建立包括行业企业、高等职业院校等在内的多主体资源融合的互通机制是整合教育资源的需要，原因如下。

其一，从整体着眼，政府应做好高等教育改革的顶层规划设计，以区域产业发展需求为立足点，优化高等教育规模和布局，引导高等职业院校发展定位，推进高等职业院校协调发展。除此之外，政府还应充分发挥其信息优势，加强各方力量的协作，建立政府、行业企业和学校的沟通机制，成立专门的组织管理合作事宜，等等。

其二，行业企业具有技术优势和市场优势，行业企业应该充分提供市场信息，为职业院校教育教学改革提供参考，在和院校的交流中，指明市场的技术前沿方向，为职业院校的专业设置及课程内容修订提供建议。

其三，鼓励高等职业院校提升办学水平，提供平台带动社会力量参与办学投资，由政府主导建立专门的信息交流平台，提供项目培训和科技交流等方面的信息。

3. 开放的办学机制

效率原则就是指用较少的投入取得相对较多的产出。高职教育不仅要注重效益，也应该关注办学效率，力求在有限的教育资源投入下，获得最大化的治理效力。职业教育集团化是现代职业教育提倡的办学模式，从经济学角度来看，区域内优质院校的强强联合是建立战略联盟的最好选择，职业教育的集团化发展可以显著提升效率，带动区域内经济社会的全方位发展。比如，由重点院校和企业牵头，规划覆盖区域内产业链的职业教育集团，推动区域内的院校与院校、院校与企业、企业与企业的广泛的交流与合作，促进区域内资源合作与共享；打破区域划界限制，鼓励职业教育集团与区域外企业和机构合作，将教育资源和企业、机构资源互补，提升职业教育市场活力；根据区域内经济社会和资源优势，培育特色集团文化，以共同的文化价值导向凝聚发展力量，塑造集团品牌，发挥品牌效应，形成具有品牌特色的职业教育集团。

4.1.3 组织运行凸显治理实效

依法治校、法治治理的最终目标是提升治理实效，促进职业院校治理整体效力，促进高等职业院校教育教学质量的提高。教育是一种育人的实践活动，不同于企业生产产品的活动，难以用统一的、明确的标准来检验其质量，教育质量只能在长期的人才培养和教育质量监督下进行考察。高等职业院校治理的目的是提供良好的制度和组织建设，为教育质量的提升做好保障。因此，要提高治理效力，需针对院校治理内容建立相应的组织结构和规章制度，制定有关工作任务的具体措施，保证组织机构运行的规范化、程序化，这样才能为高等职业院校育人质量提升提供组织保障。治理是一个持续的过程，要根据情况的变化，优化议事程序，提高运行效率。职业教育治理是在明确责任以及义务的基础上寻求共同价值，并依此为中心实施治理行为。

现代职业教育治理效力在于通过了解各主体的利益需求寻求其共同价值追求，经过协商达成共识，在利益均衡的前提下，实现合作共赢与效益共增。就主体而言，现代职业教育治理能力体现在以下几方面。

第一，多元利益主体的包容性。现代职业教育治理体系提倡多元利益主体参与治理，并在一定程度上确保其参与度，政府、行业企业、职业院校各自以其独特的视角和立场为职业教育治理提供建议和意见，在一定程度上提升了职业教育治理的科学性。

第二，以共同价值为核心的协调性。多元利益主体以共同价值为中心，在沟通协商的基础上确定各方合作的嵌入度，明确各利益主体分工，划分权力边界，明晰治理过程中各主体的权利和义务，以减少纠纷，实现治理效率最大化。

第三，主体互动的规范性。现代职业教育治理是有序治理，各利益主体或集团的良好互动是现代职业教育治理能力得以发挥的基础。职业教育治理要求各利益集团内部加强管理，共同实现人力、物力、财力资本在特定时间内配套效率和产出效益最优化，实现合作嵌入深层化。

治理展现系统化过程，在治理过程中，包含治理主客体、治理依循的行为准则、治理方式、治理效果检测与评价等在内的治理体系诸多要素之间结构化关系的建立是治理效力发挥的基础。布迪厄认为，社会结构与实践者之间的关系并不是在漫无边际的、抽象的社会中发挥作用的，现代职业教育治理难题检验并实现着现代职业教育体系完善的治理效力。一方面，健全高效的内部运行机制是治理决策有效执行的条件，现代职业教育治理体系场域内各部分各司其职，分工合作，惯习作用下的有机共同体正向功能的发挥是现代职业教育治理能力的表征。就治理主体来说，其作为核心要素需要组织内联结各主体网络的制度保证。另一方面，现代职业教育治理体系的现代性特征使其成为一个开放、协调的自组织系统，规范化的制度设计是发挥现代职业教育治理能力的保障。完善的制度是治理能力现代化的基础。从制度生成角度来分析，现代职业教育治理需要一定的制度空间，通过规范化的制度设计激发现代职业教育办学活力，释放现代职业教育的治理潜力。

4.1.4 利益分担的实施机制健全

职业教育开放性发展要求职业院校转变发展观念，科学确立自身的办学定位，摆脱传统封闭化的办学思维束缚，以全球化的视野和思维拓展职业教育的发展领域，为院校的发展和建设提供智力支持、技术服务和人才支撑。治理的共同指向是各方的利益得到最大化的保障，而这有赖于职业教育治理建立利益分担的实施机制。

第一，人才资源“供”与“需”互补。为国家经济、社会发展提供优质的人才资源是现代职业教育的使命，在人才资源的供应与需求上，高等职业院校与企业产生互补效应。企业的发展需要源源不断的优质人才做支撑，利用校企合作的契机，企业能够及时根据自身对人才的需求补充其短缺。而高等职业院校通过产教融合提高人才培养的质量，提升高职教育受教育者的技术与技能，使高等职业院校输出的人才更能符合市场需求，在此过程中，院校根据企业提供的技术和市场信息，及时调整其人才培养计划，对专业设置、教学和课程方式、方法及时改进，进而进一步提升人才培养的专业性。行业企业和高等职业院校在人才资源利用上，存在着利益交集，这也是学校和企业开展广泛合作的坚实基础。

第二，资源的共享机制。高等职业院校和企业是性质不同的组织，占有资源的特征不同，但存在共通之处。实现资源的共享，能够提高资源的利用率，最大限度地降低治理成本，提高治理效率。因此，基于共同利益需求，高等职业院校和行业企业可以逐步探索资源的共享机制，比如在师资、服务平台和教育培训资源方面，企业可以共享院校资源。在项目支持、技术服务、市场信息等方面，院校可以充分利用企业提供的资源，双方在此基础上找到合作的利益结合点，建立资源共享机制，通过校企的深度合作实现利益的分担与共享。

高等职业院校治理改革的关键在于职业教育发展与区域经济社会发展的联动，治理以区域职业教育资源的合理利用为基础，以服务区域经济社会整体发展为目标，探索全方位的治理路径。当前为适应区域经济社会发展的战略规划，如产业结构转型升级实验区、现代城镇化建设等，高等职业院校应当适应区域经济的发展，立足“制度+技术”创新，打造新技术、新制度的优势融合。具体可以从以下三方面入手。

第一，着力构建跨界协同的制度体系，通过整合区域资源，构建一个以创新驱动为基本动力的多元化、全方位的治理体系，在制度与技术的结合反应中实现二者的协同共进，力争最大化发挥技术与制度创新的最强动力效能。

第二，推进创新发展的核心技术在产业中的应用，以制度创新搭建全方位的网络治理平台，使技术创新与区域产业发展相连接，结合产业需要和市场转移实际，及时了解和把握产业转移过程中区域市场需求变化趋势，在产教融合的前提下，促进区域产业发展模式创新、产品创新，做好职业教育的区域治理服务。

第三，以技术创新为驱动，主动适应产业发展需要，提供能够承接产业转移的技术创新人才。职业院校作为最直接的参与者和执行者，针对市场变化要有快速的反应能力，要紧密结合产业结构升级的市场需求，进行人才培养体制机制的改革，立足区域特色，打造基于区域特色的专业群，建立与区域特点相匹配的特色专业，更加有针对性地培养服务区域产业的技术人才，切实增强服务水平。

4.2 基于章程的高等职业院校治理的失序困局

有序代表着系统内部的平衡，现代职业教育治理效果取决于治理目标、治理主体、治理环境和制度的互动关系，治理有序有赖于它们之间的良好互动。治理现实中，治理主体利益失衡、治理机制的不完善、治理过程不规范等问题的出现在一定程度上反映了现代职业教育治理能力的缺失。《决定》提出了建立现代职业教育体系的要求，国家从宏观层面对职业教育发展进行了顶层设计，为高等职业院校发展带来新的机遇。

为了解高等职业院校治理现状，笔者进行了实地调研，对包括 T 市的 Z 学校和 X 学校、Z 市的 Q 学校和 D 学校（见附录）在内的多所高等职业院校治理现状进行分析。由于实际条件的限制，在调研中，本书采用了个别访谈、群体访谈等方式分别对高等职业院校的校长、行政及教学管理人员、教师和学生进行了访谈，其中包括 D 学校的校长 S，Z 学校的校长 J，X 学校的校办主任 Z 和人事处处长 H，Q 学校的行政老师 M、院级辅导老师 C 等行政及教学管理人员共 64 名，以及四所学校的教师和学生共218名。力图通过对不同个体或群体的访谈调查，真实呈现不同视角下的基于章程的高等职业院校治理现状。除此之外，本书还通过电话、微信和邮件等方式对我国中、东、西部196所高等职业院校的管理者、行政及教学管理人员、教师、学生和其他工作人员进行了远程访问和调查，以更加全面地了解我国高等职业院校基于章程的治理现状。调研发现，作为推进现代职业教育体系建设的重要内容，在新时期，章程视野下的高等职业院校治理面临着多方面的现实问题，主要体现在以下几方面。

4.2.1 制度虚化：治理盲点凸显

治理是一个系统化的过程，需要整体的、行之有效的制度设计作保障，但在实际的高等职业院校治理中，依据章程的高等职业院校治理制度往往呈现虚化的状态。所谓虚化，是指制度并不能发挥实际的作用，制度层面的有效性不能得到体现，从而造成治理低效。导致这种现象的原因有如下三个方面。

其一，依据章程的高等职业院校治理相比计划经济体制下的院校治理权责利划分更加规范，但是治理不是完全按照制度安排来进行的，治理实际往往超出治理的理性规划，突发和紧急情况的出现常常会导致治理行为的混乱无序，制度安排形同虚设。章程作为高等职业院校治理制度的载体，是关于院校重大及基本问题的纲领性文件，其往往比较笼统和概括化，对具体工作任务的规定难以做到百分之百的细化，当某些具体的工作任务之间出现矛盾和冲突的时候，治理工作有章难循。通过对Q学校的行政老师M的访谈，可以得出一些结论：

访问者："您了解章程吗？是怎么了解的？"

行政老师M："是的，有所了解，章程是学校管理的依据，这两年国家挺重视章程的建设的，以前倒不是太重视，国家不是还颁布了相关的政策倡导吗，我们都学习了。"

访问者："您觉得现在的章程在平时工作中能起到实际作用吗？在多大程度上起作用？"

行政老师M:“理论上讲，章程就是制度，我们的工作就应该按照章程来执行，但是现在的章程内容都比较泛化，实际工作也没办法参考，比如今天有个企业的技术人员来指导实习，遇到突发情况，实习时出了点状况，这个时候章程就提供不了参考，都是看情况处理。”

实际上，这样的情况是契约本身的不完全性造成的。契约的不完全性指契约难以对未来可能出现的所有情况作出预测，并作出对具体事务的规定。这种情况在理论上是合理的，是制度本身存在的问题，但在具体工作中或契约的制定和执行中，应该尽可能地考虑到并尽量避免。

其二，治理中管理随意性和功利性矛盾突出是制约现代高等职业院校制度落实的重要因素。信息传递中的信息失真和耗散使得治理资源难以有效聚结，治理主体有其在组织发展中形成的价值取向，治理倾向于满足自身发展的需要，而不是治理本身的利益选择，单纯通过院校章程这种外化的制度约束难以使个人利益妥协。从治理主体角度来看，其治理权威来源于原先的制度设计安排，当制度不均衡现象出现之后，治理主体会意识到制度创新的实际需求，但治理制度设计与现实之间的差距不明显时，治理主体为维护自己的权威，可能不会采取创新策略，造成现行治理制度的虚化。X学校的人事处处长H对此问题表达了自己的看法：

访问者：“您在工作中遇到过哪些难题？”

人事处处长H:“人事工作是最常和人打交道的工作，我们的工作实践性和灵活性比较强，经常会超出章程设定的范围。实际工作是千变万化的，章程是预先设定好的，处理各种出乎意料的事情也是我们的工作内容之一。比如说，文件执行时会有些教师不认同，或者文件条款对于个人不是很便利的时候，也会有一些冲突，这个时候，我们就需要耐心地去解释章程，去解释制度的合理的部分，尽可能地解决这种问题。其实这还是一个制度权威性的问题，如果章程像法律一样权威，那我们的工作可能会顺利一些。但是现阶段是不可能实现的，我们还需要很多方面的努力。”

访问者：“有解决不了的时候吗？”

人事处处长 H：“进行人事改革的时候问题会比较明显，有上访的，也有要打官司的，这个时候我们明确地表示章程就是这样规定的，我们是有法可依的，有时候是他们忽视了这些问题，所以认为是学校侵权。其实我们在进行人事制度改革的时候，是结合政策文件，尽量使大家的利益不受损失，还制定了一些具体的执行办法，尽可能地在制度规范、合理下保障大家的利益，这也是我这几年工作中得到的体会。”

其三，高等职业院校内部治理制度并非国家相关规定的照抄照搬，它需要各个高等职业院校根据各自所在区域与行业特点，再结合自身实际状况和相关程序来制定内部治理制度，从而实现办学理念与制度文本的深度融合。部分高等职业院校在制定内部治理制度时仅单纯追求那种字面上与当下高职教育发展接轨的做法对其是百害而无一益的，必将阻碍其健康可持续发展。制度是为治理现实服务的，从制度自身来说，其需要不断创新制度内容设计，避免制度的缺失与不足；从外部来说，制度的设计、安排与落实以完善的体制机制为保证，当然，完善的体制机制是以内化于人的良好的意识形态为基础的，是治理整体与个体利益的求同与平衡。

访问者：“您认为学校的章程在学校的制度建设中能够发挥实际作用吗？”

校长 S：“章程对一所学校来说是非常重要的，任何一所学校都不能没有章程，我们省教育界一致认同章程是校内的‘宪法’，在制度建设中有绝对的权威地位。章程的具体作用发挥关键在于章程的条款设定，它对我们学校的教学管理、后勤管理、人事管理、包括和企业的合作等都是有纲领性作用的。我们学校非常重视章程的法治引领作用，它是所有校内人员都应该认同的，是真正可以发挥作用的，并不是可有可无的。国家这几年的一系列政策都在强调章程的作用，学校应该把国家的政策精神和学校的实际结合起来，建立结构比较完善的制度框架，真正地把政策精神落到实处。”

4.2.2 自成体系：难与社会互动

治理是持续互动的过程，与社会持续不断地互动是现代职业教育发展的生命力所在。尽管当前职业教育在我国处于蓬勃发展阶段，但从整体效应来看，职业教育发展仍然活力不足，表现为职业教育的社会互动效应不明显、发展的灵活性和拓展性不够。职业教育的“社会互动”主要体现为职业教育与经济、社会发展的互动。与普通教育不同，职业教育具有跨界的属性。这就为职业教育的社会互动需求提供了根据。从传统到现代，职业教育跨越了学校教育与企业培训的界域，转变为职业院校与行业企业跨界合作，实现教育与经济、社会的互动与融合。这是现代职业教育的开放性特征的体现，即提倡用跨界的眼光看待职业教育发展中的问题，积极推动职业教育与经济、社会的良性互动。因此，校企合作、工学结合的育人机制是职业教育实现跨界育人的重要途径，即通过校企合作办学，实现现代企业和现代教育的融合，提升职业教育活力。

从资源配置方面来说，作为一种社会组织，高等职业院校具有资源依赖性，其进一步发展需要持续的物质资源补充和经费投入，高等职业院校的组织和职能必须适应校企合作利益共同体的需要，高等职业院校应具有创新机制和积极寻求校企合作契机的愿景。值得注意的是，校企合作办学的不断深入必然带来企业影响力的增强，企业资源与院校资源需要进行优势互补，形成互利共赢的治理关系。

在院校与企业的深度合作过程中，从高等职业院校与企业治理资源的划分关系，到治理的权力与责任的分界，再到治理权力的赋予与体现，需要通过科学的章程建设来实现，这关乎治理的话语权，关乎治理变革的方向与行为。除了企业之外，高等职业院校积极开展校企合作、扩大社会互动效应的行为还应注意保护其他利益相关者的利益，涉及多方的问题应积极与相关方沟通、协调，共同营造高等职业院校治理内外相连的良好氛围。X 学校校办主任 Z 和 Q 学校院级辅导老师 C 表达了他们对校企合作问题的看法：

校办主任 Z:“校企合作是我们学校发展过程中一直都很重视的事，我们在改革的过程中也一直寻求更多和企业合作的机会。前几年的话，问题比较多，比如合作经费投入、合作项目支持以及合作的方式等。从 2015 年章程修订完之后，就一切按章程来，我们在重新修订章程的时候也非常重视校企合作的相关问题，当时还请了合作过的企业代表征求意见，就是希望可以更好地改善校企合作的一些问题，事实上，也确实起到了效果。”

辅导老师 C:“职业院校当然少不了要和企业合作，学生的实习、实训是我们教学计划的很重要的一部分。在和企业合作的过程中，我们学生的反响很好，在专业技能和对市场的了解上，都有所收获。我们进一步想实现的，是更深层次的项目合作，而且正在努力中，我们也希望有好的项目可以和企业一起来完成，这对我们的人才培养很有利。”

其实从访谈中可以看出，校企合作机制的建立首先要解决的就是合作理念的问题。高等职业院校是资源依赖型组织，高等职业院校的长远发展需要持续的经费与资源投入。校企合作中企业资源的融入为高等职业院校发展注入了活力，随着校企合作的不断深入，企业在高等职业院校发展中的影响力越来越大了。在持续的合作过程中，企业影响力的增大是否意味着合作中企业话语权的增强，双方的权责利该如何保证、如何体现等成为新阶段校企合作需要解决的难题。这不仅涉及资源的配置与利用，也涉及治理的话语权。高职教育实施的是校企合作、工学结合的人才培养模式，不管是高估校企合作的作用还是忽视校企合作的作用，都是不利于院校可持续发展的，是对校企合作定位的认识偏差。目前，国家在宏观政策上对职业教育校企合作给出了一些政策性的指导，但关于区域性的校企合作具体事宜仍有待通过实践积累经验。在区域性校企合作过程中存在一些问题，比如学校和企业的权责利划分不明确、校企双方合作的长效机制没有建立起来、学校和企业超越订单培养的合作与交流机制尚在探索等，这在一定程度上限制了学校和企业教育资源的优化利用。从高等职业院校和企业的“共享”与“共赢”来考虑，高等职业院校和企业应该在技能培训与服务、技术产品合作与创新、课程与教学计划等合作方向进行深入的交流，破除形式主义，立足长远合作的战略思考，建立校企合作的价值链，通过资源的优化组合实现校企的同步发展、合作共赢。

4.2.3 目标异化：短期利益驱动

哲学语义上，异化是指主体发展到了一定阶段，分裂出自己的对立面，变为外在的异己的力量。治理中的目标异化表现为在治理实践中为追求短期利益不注重院校发展的长期利益的行为。治理是一种综合效应，不仅需要体现教育的公益属性，还要满足院校自身可持续发展的需求。然而，利益最大化效应往往会导致治理中出现单方利益最大化的现象，不利于治理关系的协调和治理最终目标的达成，原因如下。

第一，从产权的角度来看，我国公立高等职业院校产权结构是以行政层级为基础的。政府的主导地位使其投资以及对高等职业院校的行政化管理倾向于满足政府的利益需求。教育具有公益性，但职业学校也有自身的核心利益需要维护，职业院校法人权威一般是建立在具有维护院校利益的自身力量基础之上的，在治理过程中，治理的意识形态与现实之间产生冲突的时候，院校法人则倾向于维护院校自身的利益，展示其法人的治理地位与力量，而不是其他利益主体的权威。因此，政府的治理决策倾向与高等职业院校自身的利益维护之间的矛盾往往会导致治理目标的异化和治理行为的冲突，影响治理的全局安排。

第二，就教育属性而言，高等职业院校是实施职业教育的阵地，要为国家培养技术技能型人才，具有教育育人的基本属性，因此必须注重教育意义和精神的传承与发展。而对于整个社会而言，高等职业院校是一种教育组织，院校内部设有一定的科层组织，行政部门具有相应的行政级别，教育主管部门按照相关标准来考核院校工作人员，行政氛围较为浓厚。而在院校治理中，院校的管理人员为追求院校规模及院校建设等外显政绩，有时会出现基于利益交易的自利行为，或以短期利益为标准选择治理策略，忽视院校的长期发展，使院校承担未来发展的风险。但治理效果呈现的是一种均衡效应，其需要各方利益的相互协调，需要各利益主体在治理的意识形态上达成一致，最大化减少制度之外的利益博弈与冲突，形成治理合力，共同推动院校治理实践。对此，校长S谈了自己的看法：

> 校长S:“从教育发展的角度来看，示范校建设是国家宏观规划的一部分，是基于教育的长远发展和整体布局而作出的政策引导。对学校而言，示范校建设也为学校的建设提供了可以努力的方向，学校的整体建设也在朝示范校的方向努力。但是我认为学校是育人的场所，学校最重要的就是人才，任何的力量都不能干扰这个大目标，这是学校作为教育机构应该具有的发展理念。”

治理是系统化的过程，需要立足长远，着眼整体，呈现丰富多彩的治理样态。这是因为：其一，准确定位治理方向是实现治理体系功能整合的前提。在明确治理目标的前提下，应综合运用网络管理、政策实验等政策工具适应治理环境的变化，关注和调整政策执行，提高治理效力。其二，治理主体是现代职业教育治理体系的中心，治理主体的意识对治理方式和治理结果有关键性作用。职业教育治理主体参与治理不仅源于自身利益诉求需要，还需要组织内联结各主体网络的制度保证。这就需要现代职业教育治理主体以协商为基础达成契约来规范多元治理主体的权责关系，以回应多元价值诉求来实现功能整合。其三，制度建设是现代职业教育治理有序的保障，现代职业教育治理能力提升需要以完善的制度建设来规范治理行为，规整治理结构。从制度生成角度来分析，现代职业教育治理需要一定的制度空间，通过规范化的制度设计吸引多方力量与资源汇聚到现代职业教育治理中来，从而有效激发职业院校办学活力、释放治理潜能。

4.3 契约的不完全性：基于章程的高等职业院校治理失序原因

如果一个契约不能够准确地描述与交易有关的未来所有的可能发生的状况，并明确每种状态下契约双方的权力和责任，那么这个契约就是不完全的。章程作为契约的表征，是高等职业院校治理主体对院校治理的相关事务达成的治理合意。人的有限理性的存在决定了其具有不完全性。实际上，章程不可能包括所有高等职业院校未来发展的可能性，也难以规定所有状态下治理主体的权责利。即使在当前状态下，章程的制定和执行也往往是不完全的，其不完全性体现在章程规制的不完整、治理主体的参与不完全、章程实施的法定性不明、契约执行的理性缺失等方面，这就造成了治理中的种种问题。

4.3.1 契约规制的不完整性

章程的规制指的是在章程中以条款形式出现的有关高等职业院校治理的相关规章和制度，章程规制的不完整性是导致高等职业院校制度建设相对滞后的重要原因，它体现为规制内容的雷同和缺失严重、内容表述的不明确及内容的可操作性差等等。

第一，高等职业院校的章程内容雷同或缺失严重。一方面，一些院校在制定章程时，缺乏对相关法律关于章程规定的深入理解，导致所制定章程的章节和整体构架大多雷同，甚至连具体的条款规定都基本相同。比如章程对教师与学生参与治理的权利、义务的描述往往是千篇一律的，但不同高等职业院校因其办学方向的不同，在教师与学生的治理权利、义务方面的规定也应有所不同，如以技术创新见长的院校和以特色专业建设见长的院校对教师与学生治理权利、义务的规定就应该有所不同。章程作为大学办学与管理的基本依据，其制定除了要符合相关法律法规，还应该尊重院校发展历史，结合院校发展的实际情况，彰显办学的特色和未来发展趋势，同时体现院校建设与区域社会、经济发展的协同。但在实际中，很多院校的章程内容都没有体现这一点，从章程本身难以看出院校发展的历史积淀和未来愿景，不利于院校的品牌建设。对于章程内容，教师Y、学生L、学生W分别谈了自己的看法：

访问者："您怎么看现在的学校章程内容？"

教师Y："学校的章程都是千篇一律，没有体现出学校的独特性，内容上也都包括那几个部分，比如名称、地理位置、教师和学生等，比较笼统。其实章程应该体现学校特色，显示出独特性。"

学生L："章程？我不是很了解，不过看过，都差不多吧，不是都一样吗，除了学校名字不一样，其他没什么区别。"

学生W："我不是很了解，听老师介绍过，感觉都是一些完全正确的话，很宏观，没有什么具体的措施，也没什么参考，我们平时也不关注。"

第二，内容表述不准确，即对章程内容的表述不明确、不具体。当前的校企合作缺乏利益分担的保障机制，行业企业参与职业教育积极性不高，学校与企业不能组成"经济共同体"，这限制了工学结合机制的建立，影响了校企合作的效率。同时，实践性是高等职业教育的属性，参与实习实训是高等职业教育人才培养的重要途径，但很多高等职业院校的章程往往缺乏对学生实习、实训的规定，没有对学生参与实习、实训的形式和途径做出更具体的描述。

第三，条文表述模糊笼统，可操作性差。院校内部治理结构是影响高等职业院校治理运行的重要因素，内部治理结构的表述模糊是导致院校治理运行矛盾产生的主要根源。为保证院校治理的顺利运行，院校章程应该明确院校内部治理结构及各种权利与义务的关系等。但在实际的章程中，关于内部治理结构的规定基本都是宏观的教育政策的描述，缺乏与治理实际的结合，实践操作性不强。

当然，大部分高等职业院校的章程内容还算全面，能够遵循相关法律规定的基本框架进行章程的内容选择，学校概况、学校功能与教育形式、办学定位和目标、教职员工、组织机构与管理体制、学校经费资产等内容基本都有涉及，现代大学制度应该具备的核心要素也都基本涵盖（见表 4-1、表 4-2）。

表 4-1　高职院校章程框架体系的主要内容

章节	标题	主要内容
序言	序言	介绍学校基本情况
第一章	总则	介绍办学理念、办学目标、办学方向
第二章	功能与教育形式	对学校教育教学、科研、生产和服务进行说明；明确所采取的教育形式（全日制或非全日制）；介绍教学计划和课程教学实践
第三章	学生和校友	学生和校友在教育与学校事务管理中的权利和义务
第四章	教职员工	规定教职员工的权利和义务
第五章	举办者和学校	对举办者和高职院校的权利、义务进行具体明确的说明
第六章	学习与社会	明确学校与社会资源的关系，对校企合作的相关事务做出明确规定
第七章	组织机构和管理体制	明确高职院校采用的领导体制，指出高职院校根据市场变化配置教辅
第八章	财务与后勤	对高职院校的财产和财务管理做出详细规定
第九章	学校标识	对学校的校徽、校歌等进行规定
第十章	附则	对章程的制定、修改、审批和解释等事项进行规定

表 4-2　十二所高职院校章程构成要素对比

学校名称	章程要素									
	序言或总则	学校功能与教育形式	学生和校友	教职员工	举办者和学校	学习与社会	组织机构和管理体制	财务与后勤	学校标识	附则
浙江工贸职业技术学院	1.1-1.7	3.12-3.15	4.16-4.23	5.24-5.32	2.8-2.11	8.64-8.76	6.33-6.56	7.57-7.63	9.77-9.80	10.81-10.85
陕西邮电职业技术学院	1.1-1.6	4.34-4.39	6.53-6.58、7.59-7.61	5.44-5.52	2.7-2.11	4.40-4.43	3.12-3.33	8.62-8.70	9.71-9.74	10.75-10.79

续表

学校名称	章程要素									
	序言或总则	学校功能与教育形式	学生和校友	教职员工	举办者和学校	学习与社会	组织机构和管理体制	财务与后勤	学校标识	附则
温州职业技术学院	1.1-1.12	1.3-1.7	4.44-4.54	3.31-3.43	1.9-1.10	6.61-6.71	2.13-2.30	5.55-5.60	7.72-7.74	8.75-8.79
山西交通职业技术学院	1.1-1.5	3.10-3.19	7.58-7.63	6.47-6.57	2.6-2.9	3.15-3.19	4.20-4.40、5.41-5.46	8.64-8.72	9.73-9.75	10.76-10.80
永州职业技术学院	1.1-1.9	2.10-2.21	6.64-6.73	5.50-5.63	1.4-1.5	7.74-7.79	3.22-3.40、4.41-4.49	8.80-8.87	9.88-9.91	10.92-10.96
柳州市工业职业技术学校	1.1-1.13	1.3、1.7-1.3	6.46-6.60	4.32-4.38	1.4-1.6	8.65	2.14-2.17、3.18-3.31、5.39-5.45	7.61-7.64	1.9-1.10	9.66-9.69
泰州职业技术学院	1.1-1.5	3.10-3.23	6.58-6.67	5.45-5.57	2.6-2.9	9.80-9.87	4.24-4.44、8.75-8.79	7.68-7.74	1.2	10.88-10.91
辽宁铁道职业技术学院	1.1-1.11	1.2、1.9-1.11	4.39-4.52	5.53-5.62	1.4-1.8	7.74-7.77	3.16-3.38	6.63-6.73	8.78-8.80	9.81-9.84
西安职业技术学院	1.1-1.7	1.5-1.7	6.59-6.67、7.68-7.70	5.45-5.58	2.8-2.12	4.36-4.44	3.13-3.35	8.71-8.75	9.76-9.78	10.79-10.82
青岛职业技术学院	1.1-1.9	2.10-2.16	3.17-3.24	4.25-4.31	1.4-1.9	7.64-7.68	5.32-5.56	6.57-6.63	8.69-8.73	9.74-9.78
苏州工艺美术职业技术学院	1.1-1.7	3.13-3.18	7.61-7.69、8.70-8.88	6.51-6.60	2.8-2.12	8.79-8.83	4.20-4.37、5.38-5.50	9.89-9.96	10.97-10.101	11.102-11.106
湖南商务职业技术学院	1.1-1.9	2.10-2.18	6.59-6.67	5.48-5.58	1.4-1.6	7.68-7.75	3.19-3.39、4.40-4.47	8.76-8.81	9.82-9.85	10.86-10.90

注：1.1-1.7 表示章程的第一章第一条至第七条；1.2 表示章程第一章第二条，以此类推。

但是从具体条款来看，章程往往存在着可操作性不强的问题，具体如下。

首先，从内容范围来看，章程对于学校和办学者的权利与义务关系都会有所规定，但是内容往往非常宽泛，缺乏针对性和相对具体的描述。自主办学是院校自治的基础，但在学校章程中关于学校自主管理的权力和责任却少有体现，这样就使得学校管理者与办学者之间、教师与学校之间、学生与学校之间的关系模糊，没有明确为学校管理者与办学者、教师与学生的权责划定界限，容易导致主体之间的利益冲突。例如，某些学校章程这样描述——“学校爱护、尊重人才，维护学术自由与学术民主，提供必要的条件促进师生教育教学活动的开展”，但是并没有解释提供何种条件来保障师生的教育教学活动等。

其次，章程对于行政处罚和学校内部处罚权的规定，存在着用词不当、语义模糊等问题，对具体事件的处罚标准也不够统一，这十分不利于章程的具体执行和实施。关于章程的内容，X 学校的人事处处长 H 和 Q 学校的行政老师 M 谈了他们的看法：

> 人事处处长 H:“有的学校为了让学生不迟到，规定迟到了罚款，这就很不科学，这不是依法治校，这是罚款治校，这种用经济手段处罚学生的做法不值得提倡。还有的学校发现男女生谈恋爱后在全校大会上对其进行批评，当事人要做检讨，还有视频为证，这就侵犯了学生的基本人权，这类的事情还有很多。”
>
> 行政老师 M:“学校章程里对学生考试作弊作出过明确的规定，说凡是考试交头接耳、东张西望的作弊者一律开除，这就很不严密，有些同学就是有这样的行为，但并不代表他作弊。真是这样，真要开除学生吗？还是要有些硬性的标准。”

最后，关于教师和学生的治理权利，多数章程都是模糊描述，并未详细阐述教师参与学校治理的方式、范围，教师学术权利的保障措施也常常被忽略。

总之，章程建设是高等职业院校治理的重要内容，但存在很多需要改进的地方。作为规范高等职业院校治理相关事务的纲领性文件，章程的规制应尽可能地涵盖高等职业院校治理的各方面，体现高等职业院校治理的实际需要，且具有可操作性。

4.3.2 契约主体的参与不完全

章程是高等职业院校完善教学与科研、学生和教师管理与建设、社会服务及后勤保障等内部制度的依据。而高等职业院校的治理主体是包括政府、行业企业、院校师生、社会公众等在内的多元主体。职业教育的现代化发展促使多元主体合作与交流成为常态，故各主体之间的相互关系深刻影响着治理意识。治理主体间的合作是当前打造职业教育与经济社会发展“共同体”的必然要求。然而，在高等职业院校治理实践中，治理主体的参与不完全影响着治理实效的发挥。如章程的制定过程，本应是参与高等职业院校治理的相关利益主体在协商、讨论的基础上达成一致性意见的过程，其需要治理主体的完全参与。主体完全参与是治理话语权得到释放的条件，也是治理实践中的矛盾得到充分、有效反馈的基础。但无论从高等职业院校内部还是外部来讲，都存在着主体参与不完全的情况。

实际中常常出现参与治理的主体数量不足、某些利益主体缺失、某些主体话语权不足等问题。有些高等职业院校章程只规定了各利益主体代表的参与权利，却未明确指出参与治理的人数比例，这就使得某些主体在治理实践中话语权却被忽视，主体权益难以得到保障。比如在一些高等职业院校的章程中，职工代表的设置不明，院校职工的权益无法体现，其参与职业院校治理的利益自然也无法得到维护。学生主体在章程制定过程中往往处于弱势，在其他利益主体的治理权威下，学生主观和客观上的参与表达都不能充分展示其治理愿望。关于这点，可以从对D学校的学生S、学生D、学生L的访谈中获悉：

访问者：“你们有参加过学校的关于章程制定或者执行的会议吗？”

学生S：“没有，有这个会吗？制定章程还要专门开会？”

学生D：“我没参加过，好像有同学参加过，只是听说，没见过。”

学生L：“我在一年级参加过，是被班长叫过去的。”

访问者："那你开会是什么内容？你表达了什么？"

学生L："就是几个老师还有几个学生，大家在一起讨论了下关于章程需要规定什么，都要求什么，就是这些，不是很具体。我在会上也没说什么，老师是大多数，我不太敢表达，就是说了些关于实习的事，希望多给我们学生提供实习的机会。"

访问者："那你们真实的想法呢？如果没有老师，你会怎么说？你们呢？"

学生L："嘿嘿，我希望可以少考点试，不喜欢考试，有考试的时间我还不如多去机床上待着，还可以练练技术。"

学生D："要是老师不在，我想我可能说很多，比如我们都希望企业的老师可以多过来交流，还有实习实训的时间安排可不可以确定一些，不要老是变来变去，让我们措手不及。"

4.3.3 契约实施的法定性不明

合法性是制度确立的关键性制约因素。法治品质是章程权威的根源所在，章程是高等职业院校治理全部利益主体集体意志的共同反映，具有"内部法"效力，具有约束、规范治理行为和过程的作用。然而现实中由于章程的法定性不明，在实施中往往沦为行政管理工具，使得"有章难循"成为治理常态，影响章程对治理过程的规范作用。

Q学校的行政老师M、Z学校的教师F表达了他们对章程实施的一些看法：

行政老师M："章程不像大家所想的那样，也不能对章程抱有太大的希望，不能章程一通过学校办学水平马上就提高了，那是不可能的。这是一个长期的过程，还是需要提高对章程的权威性的认同。"

教师F："以前并没有很关注学校的章程，就觉得是可有可无的，也不是很关注我们作为教师的权利和义务，通过这次参与学校的章程制定，我有一些感触。我觉得国家政策的引导性很强，是通过章程引导办学的规范，通过这次章程的制定，我调查了很多学校的章程，发现其实现有的很多章程内容不是很规范，实际操作没什么保障，制定章程草率，不合法也不合理，我们举行会议的时候就强调一定要避免这种情况。”

由此可以看出，章程实施的法定性不明问题在治理过程中较为突出，其具体表现在以下三方面。

其一，地位的法定性不明。章程地位的法定性是指教育主管部门对高等职业院校章程的合法性的认同。《中华人民共和国高等教育法》明确规定，章程只有经过主管部门的核准才能成为大学自主办学的依据。然而，实际上，部分高等职业院校章程在未经主管部门的审核与批准之前就已经开始实施。缺乏对法律效力的认定，章程的权威性难以体现。

其二，内容的法定性不明。缺乏完善的保障与监督制度，导致章程的实施得不到保障。由于章程内容存在笼统、模糊的描述，缺乏对具体治理事务的实施细则的规定，因此在实际治理实践中，章程往往被看作一种“形而上”的制度，在章程内容与实践需要发生冲突的时候，保障与监督制度的不完善往往导致治理行为的失范。据此，明确章程的法定性是增强章程的权威性、提升章程的法治效力的基础。

其三，制定和修改章程的程序的法定性不明。章程不是一成不变的，在治理过程中，章程可以在必要的情况下根据需要加以修订。关于章程的修订，X 学校的校办主任 Z 表示：

校办主任 Z:“我们学校的章程制定的程序非常规范，章程本身并没有什么问题，是严格按照程序来制定的。我们在制定章程的时候学习了国家的文件，在章程内容的每一处都可以找到制定的依据，这保证了在章程实施过程中不会遇到太大的问题。而且我们是结合学校发展的实际来制定内容的，所以也基本不会出现和现实脱节的情况。这问题在前期都必须考虑到，不然后来再修改，章程的权威性就没有了，而且要修改章程是有固定的程序的，不是可以随便修改的。这一点必须要强调，因为我看到很多学校在改革实践中出现问题，就是因为章程没有明确修改程序，要么就不修改，要么就总是修改，朝令夕改，怎么保证章程的权威？”

高等职业院校章程的合法修订是章程能够适应不断发展变化的高等职业院校治理实践的保证，是对不同阶段高等职业院校治理问题的回应。但章程作为治理的纲领性文件，具有稳定性，章程的修改应该有明确的、详细的程序，以保证其规范性。而我国大部分的高等职业院校章程内容中并未体现关于章程修改程序的说明，或有说明但条文不明确、过于笼统，不符合章程修订应有的严谨与规范。所以，为保证章程修订的法定性，在章程的具体内容中，应包含对章程的制定、实施、修改的程序规定，如《宁波职业技术学院学校章程》第六十八条规定："出现下列情形之一时，由校长或教职工代表大会提议，经校党委会、校长办公会议审议通过，启动学校章程的修订工作：本章程依据的法律法规发生变化；学校的举办者发生更替；学校发生合并、分立、更名等变化；学校办学宗旨、战略目标、管理体制、运行机制等发生重大变化；举办者依法要求学校修订章程；其他影响本章程执行的环境或实质内容发生重大变化。"与之相反，很多高等职业院校并未对章程制定和修改的程序作出具体规定，或未明确表示章程具有修改的可能性，对章程的修正升级难以找到依据。

4.3.4 契约执行的理性缺失

高等职业院校是一个多样化、具有多元利益主体的复杂的组织，其治理运行需要以章程这种协议性契约的形式来约束多元利益主体的治理行为，从而引导院校科学发展。然而从理论上来说，章程是一个“应然”的存在，治理是“实然”的，从“应然”到“实然”依赖以章程为表征的治理制度的制定和执行。良好的、完全的制度执行能够充分发挥制度在治理中的作用，推进治理进程；而低效或失效的制度执行往往意味着治理能力的不足。因此可以说，制度执行是治理从“空中楼阁”到“落地”的关键，避免低效化的执行是高等职业院校治理应该注意的内容。那么，哪些原因可能会造成制度执行低效化呢？除了上文提到的章程自身建设得不完善有关，章程执行的理性缺失也是造成治理低效的重要原因。

一方面，从主观上来说，人的有限理性的存在为治理中的失范行为提供了可能性。就概念来说，理性是指个体根据已经知道的手段和目的之间的关系而去计划的行为，所以可以说理性的行为是科学化的。在现代社会里，理性在某种程度上代表着权利，因为在现代社会生活的人们懂得依照他们的需要去做计划。现代社会发展迅速，当人们开始意识到，依赖原来的知识结构不能带来生活上的满足时，理性驱使下的个体开始思考行为与目的之间的关系，开始审视自身行为所造成的好的和不好的影响，从而产生对行为动机的思索，而这种思索正是理性的开端，是个体冷静分析的结果。现代社会理性的存在使得个体的选择更加有利于自身的长久发展，是“营养”自身的行为。那么，有限理性又是什么呢？从“问题根本的不确定”出发，有限理性主要包括两种：一是个体的认知能力和信息成本的不足而导致的理性不及；二是个人的行为和心理偏好造成的理性闲置。社会学中的有限理性通常出于对行为目的的考量，而认为有限理性是一种理性缺失，是人在面对有诱惑力的选择时的理性丧失或不完全，信息问题、成本问题、认知局限问题、不确定性问题都有可能使我们的理性失效。在实际生活中，有限理性常常是存在的，在制度的执行过程中，就体现为治理行为和治理选择的理性失效。功利性的驱使往往会导致人的非理性行为，而非理性的执行实际上会造成治理行为的“失范”或“失效”，造成个体与集体利益或选择的冲突，引发治理失序，使得治理资源难以有效利用与配置，造成资源浪费，影响治理正义的实现。Z 学校的校长 J 谈了他对这个问题的看法：

访问者：“您认为在学校建设中是不是存在一些功利化的行为呢？该怎么克服呢？”

校长 J：“您说的功利化行为我想指的是一些个人主义的行为，这在学校发展中其实是不可避免的。学校是一个组织，是由人构成的组织，人性决定了人的行为都有自利的倾向，这一点不可否认。但是我认为，既然作为教育工作者，作为行政和管理人员，就不能仅仅考虑个人利益，当集体利益需要你做出牺牲的时候，其实职业一点来讲，一个理性的人应该考虑到大家的利益。但这比较理想化。从根本上来说，依靠外力解决这种问题或消灭这种行为是不可能的，还是要从内在，建立自我意识。”

另一方面，从客观上来讲，在当前的高等职业院校中，以行政指令来管理教育的模式仍占主导地位。教育管理体制改革滞后、院校内部管理者在治理实践中的自主权较小，却导致高等职业院校无法完全按照相关章程来治理。章程对内应对行政权力起到约束的作用，但是在实施过程中行政机构却将其作为院校治理的工具，使得本末倒置，限制了章程在治理实践中纲领性作用的发挥，影响了以章办学的权威和力度。“制度的执行应以体系化的校内规则、权力合理配置、文化培育等形式，将制度的作用内化为举办者、管理者和内部成员的行为意识与实际行动。”[①]制度的执行不仅需要执行者具有高度的自觉，同时也需要有良好的校内校外配合与监督，形成较强的执行力，如此方能实现制度从制定到落实目标一致。

4.4 本章小结

章程的构建为高等职业院校治理提供了依据，现代职业教育治理的理想状态即为有序，它体现为高等职业院校治理的需求导向服务供给合理、决策科学、资源配置优化、组织运行凸显治理实效、利益分担的实施机制健全。在新时期，章程视野下的高等职业院校治理面临着制度、体系和目标建设等方面的多重问题，章程的制定和执行也往往是不完全的。这一不完全性体现为章程规制的不完整、治理主体的参与不完全、章程实施的法定性不明、契约执行的理性缺失四方面，

① 公丕祥. 法理学[M]. 上海：复旦大学出版社，2005.

这是造成高等职业院校治理困局的主要原因（见图 4-1）。

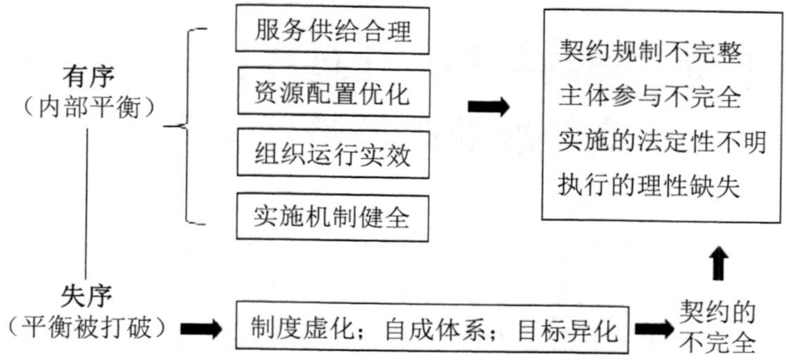

图 4-1　第四章逻辑框架图

基于本章的分析可以看出，在治理实践中，人的有限理性及治理功利性目的的存在，往往会导致治理过程中主体行为出现偏差，治理主体行为的不确定性又会造成治理过程的规范缺失，从而造成资源浪费，加重治理负担。破除治理困局，解决治理难题，需要各主体以契约的完善为核心，在治理问题的协商过程中，找到解决问题的最佳路径，取得协商一致合意。

第五章 契约的制度化过程：基于章程的高等职业院校治理机理

章程本质上是利益相关者关于治理事务达成的共识，是利益相关者之间签订的一种相互联系又相互制约的契约。该契约作为一种行为框架，将治理相关者的行为约束在这个框架范围内。也就是说，契约限定了各个利益相关者及其之间的治理活动，并制约着治理范围的广度和深度。从这点出发，可以说，章程是院校治理的利益相关者达成的一种契约，而契约的达成是利益相关者之间博弈的结果，即章程是利益相关者共同制定的维护其治理权利、协调治理矛盾的制度安排。

制度化代表的是一种过程，也是一种状态。它是蕴含时间概念的过程，是历经时间获得的某种确定性的状态。基于章程的高等职业院校治理实质上是契约的制度化过程，代表了契约从无到有、从发展到成熟的过程，也是治理从无序到有序的过程。这里需要强调的是，制度化指的是表征契约的章程从形成到得到普遍认同的转化过程，契约的制度化体现了治理的发展状态，和治理制度逐渐完善与健全的趋势（见图 5-1）。

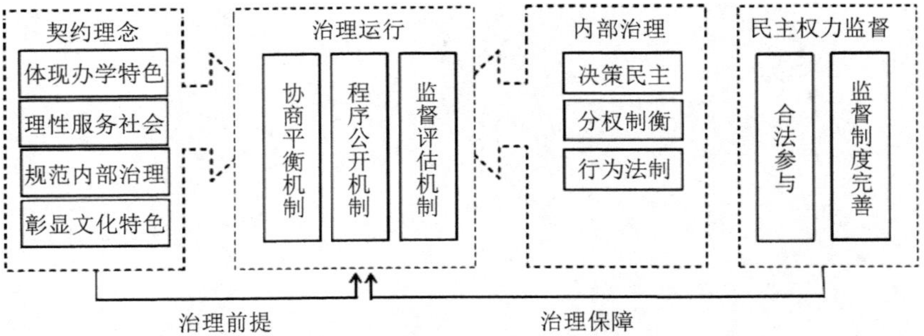

图 5-1 基于章程的高等职业院校治理机理分析框架图

5.1 治理前提：契约理念

为满足新时期高等职业院校改革发展的要求，需丰富新时期的契约理念，明晰基于章程的高等职业院校治理内涵，推动高等职业院校的制度建设，提升其治理能力。

5.1.1 体现办学特色，打造院校品牌

特色反映的是事物的独特性和不可替代性，是事物本身特点与风格的体现。特色是高职教育的生命线。随着高职教育竞争日趋激烈，院校最大程度地发挥自己的特色从而在竞争中脱颖而出就显得尤为重要。高等职业院校办学特色建设是高等职业院校主动适应产业发展需要特别是区域产业发展的体现，同时也是高等职业院校自身改革与内涵式发展的要求。突出办学特色、形成办学优势是改善高等职业院校治理、培植院校核心竞争力的重要内容。

办学特色是高等职业院校的生命力所在，作为高等职业教育的重要阵地，高等职业院校既要有我国高等职业院校的共性，又要有其自身个性。职业教育的实践性要求学生的专业定向培养计划及实习实训安排等内容都应纳入相关章程之中，凸显职业教育的办学定位与培养模式的特点。同时，与中等职业院校相比，其又要体现出高等职业院校的高层次性，因此，章程在对教学与科研的规定上深度与广度应有所延伸。另外，还需区别于其他的高等职业院校，体现出自身独特的办学精神，比如在专业建设上的精深、在技术创新上的领先或者在人才培养方向上的竞争优势等。高等职业院校的办学特色体现在院校治理的文化与精神传承中，章程是治理的制度载体，其制定过程即诠释院校文化与精神的过程。所以，章程作为高等职业院校办学的纲领性文件，在内容上应该突出高等职业院校的办学特色，体现出高等职业院校独立的办学思想和与众不同的办学精神。进而以办学特色凝聚院校品格，树立院校品牌。X 学校的校办主任 Z 和教师 L 谈了他们关于办

学特色的看法：

> 校办主任Z：“章程应该是学校的管理依据，应该按现在教育发展的趋向，把学校的特色体现出来，把学校的精神和发展实际结合起来，融汇在章程的内容里，这样才能体现办学的独特性。”
>
> 教师L：“每个学校的章程都应该不一样，就像每个国家的名称、国旗都不一样，章程就应该让人一看就知道是属于哪个学校的，这才能体现出办学的特点，还应该体现当地的特色，就像方言，都要有地区特征。”

从本质上来讲，办学特色是院校的发展定位、办学宗旨和目标、院校文化的凸显。从当前我国公立高等职业院校章程内容来看，办学特色并没有作为单独的章节在内容上凸显出来，高等职业院校关于办学宗旨和教育形式的阐述也还是一般意义上的简单描述，并没有体现院校的独特精神文化和发展特点。随着院校之间竞争的加剧，寻求特色发展已然成为高等职业院校提升综合实力的关键。

从院校外部环境来看，高等职业院校外部环境的趋同给高等职业院校凸显办学特色带来了难度，但这并不意味着高等职业院校没有突出特色的空间。高等职业院校应该在治理过程中，充分挖掘自身在发展定位、校园文化、人才培育、专业建设以及对外合作等方面的独特性，结合未来的发展计划，将自身独特性纳入章程理念内涵，以章程引领未来院校治理走向。从长远考虑，打造高等职业院校品牌要依赖区域经济、社会发展。在高职教育由规模发展向内涵发展转型的过程中，高等职业院校应该以区域经济、社会人才需求为导向，着力培养区域行业企业发展急需的职业教育人才。在实际发展中，由于办学定位的不明确，高等职业院校仍然存在着急功近利的现象。在院校专业设置上，部分高等职业院校往往会以专业的低层次迎合市场而忽视职业教育受教育者长远的职业发展，也会出现为降低专业实习实训成本而缩减课程的情况等等，这些问题不能仅靠高等职业院校自行解决，需从整体着眼，以教育、经济和社会联动的方式解决这些问题。

5.1.2 理性服务社会，改善互动效应

服务社会是职业教育的重要职能，由于职业教育是一种具有跨界属性的教育类型，作为实施职业教育的重要阵地，高等职业院校与产业的发展紧密相连。社会服务是高等职业院校在培养高技能人才基础上的延伸，高等职业院校在与社会尤其是区域社会、经济互动中形成自己的品牌，并通过院校的可持续健康发展对社会产生影响。

经济新常态下的教育发展要求给高等职业院校改革提供了有利契机，在外部环境激励和内部改革要求的促进下，高等职业院校应在物力、人力、财力等方面进行全面的调整和规划，通过要素的整合形成治理新格局，确保高等职业院校的内涵式发展。在与区域社会、经济互动的过程中，高等职业院校发挥着协调与整合的服务功能，具体如下。

首先，作为一种与经济社会发展紧密联系的教育组织，服务社会是高等职业院校的重要使命，高等职业院校通过为区域社会培养高素质技术技能型人才来满足区域人才资源需求，通过科研与技术创新为区域产业技术发展提供助力，通过社会产品的研发、创新延续技术生命力；同时，通过开展丰富多样的实践活动，促进学校文化和企业文化的结合，为先进的企业文化融入校园文化提供途径，为校园文化加入企业文化打下基础。

其次，高等职业教育的职业性特征要求高等职业院校实行“产学结合”“工学交替”的人才培养模式。高等职业院校通过与企业或行业的合作交换硬件或软件资源，达到优势互补，通过校企的良好互动增强区域经济活力。在校企合作中，高等职业院校应主动发挥主体能动性：一方面，积极改进组织建设，合理配置组织资源，在组织结构上作出调整，在师资上进行队伍结构优化，在专业上进行整合设置，学生方面采取充分激励的措施；另一方面，高等职业院校还应主动利用外部资源，积极协调校外组织进行合作，寻找项目支持与资源支持。

高等职业院校对社会的服务是社会性的，同时也应是理性的。发挥高等职业院校服务社会的功能，建立以章程为核心的制度体系不失

为一种理想的制度保障。首先，现代职业教育具有多元利益主体，政府、企业、行业协会、社会公众等以不同的方式参与高等职业院校治理，表征契约的院校章程应通过制度的形式明晰各利益主体的权责，这样才能厘清治理中各方的角色及定位，明确协调利益纠纷的机制。其次，章程不仅是院校自主发展的纲领，也是外界认识学校的窗口，应该规定出院校间、院校与企业间的良性合作事宜，促进校与校、校与企之间的合作与资源共享，拓展合作的渠道与方式。当前以章程的形式确立利益相关者之间的合作关系已经越来越得到认可，这已成为高等职业院校治理实践的重要经验。

基于以上分析，在市场化浪潮的冲击下，高等职业院校要面向社会、面向市场，要做到以下两点。

第一，章程应有国际性。我国公立高等职业院校是现代职业教育体系建设的中流砥柱，其基本的指导思想应具备国际化视角，章程中给予相应重视才能在实践中方向明确。

第二，章程应该规定各高校间的良性合作事宜。目前来看，我国高等职业院校之间的趋同性非常明显，但是教学资源共享却不常见，因此，高校间的教学、实习实训还有技术资源可以通过章程这一制度性文件来实现共享，以促进院校间的合作，提高各自办学质量和效益，更好地服务社会。

5.1.3 规范内部治理，创新治理机制

章程的核心内容是以“内部法”的形式确认高等职业院校内部管理组织规则，为高等职业院校治理提供组织与制度保障和条件。

首先，在院校内部组织运行上，章程应该对院校的人事权、财务权以及院校的未来发展方向等作出具体规定，明确章程规制下的院校自主治理方式及形式、院校的内部组织形式、院校处理内部事务的治理权力以及政府对院校的干预方式等。而且，章程还应明示治理程序，创新治理机制。高等职业院校治理不仅是一个长期的过程，还是一个动态的过程，随着院校内外部环境的变迁，院校要根据实际的治理实践不断调整治理策略，改善治理的方式与方法，顺应时代与市场的变

化发展，及时调整体制机制，以最大限度地满足高等职业院校可持续发展的需要。

其次，在内部治理结构上，章程应对组织结构的划分与职权界定作出清晰的规定，理顺院校内部治理程序。比如，《牛津大学章程》对理事会、学部、学系、教职工大会、学院、社团等组织机构的权限、职责，校长的聘任方式和程序都作出了明确的规定：评议会负责选出校长，校长由各个学院轮流产生。章程还应明确行政人员、教师和学生的权利，最大程度地将所有利益相关者纳入高等职业院校的决策中来，保证参与决策人员的广泛性，提升制度的民主化、科学化程度。

最后，在内部权力关系上，高等职业院校章程应该明确利益相关者的权力制衡关系。现代职业教育提倡多元共治，希望通过多主体参与的方式提升治理的科学化、规范化。院校的决策需在各个利益主体间寻求平衡，达成利益协调。

治理是一种基于理性的实践活动，在治理理念及价值认同的基础上，在开放的条件下，面对多元化发展的外部环境，高等职业院校的可持续发展需要实现内部结构的合理优化，并确保治理措施的针对性，以保障高等职业院校治理效率的提高。高等职业院校治理离不开内部治理结构的建构与完善，而治理结构的建构与完善又需要高等职业院校章程的规范约束。高等职业院校章程需从高等职业院校组织运行的本质出发，融汇决策理念和实践经验，并在此基础上引入效率目标，形成基于章程的高等职业院校治理理念。同时，在高等职业院校内部治理过程中，要合理设置权力结构，通过对政策制定与实施程序的结构优化，提高决策的效果。

高等职业院校内部治理结构的优化与完善是一项复杂的系统工程，不仅要在结构组成要素上充分体现高等职业院校组织的特征，反映其治理规律，还要从治理实效上提高效率。也就是说，完善的高等职业院校内部治理结构既要满足治理的效率目标，又要反映高等职业院校的组织理性。从组织结构系统要素来看，科层制成为当前高等职业院校组织结构的主要形式，它决定着高等职业院校组织机构布局和组织系统的目标、人员、专业结构及环境等，决定着内部治理结构的运行效能。高等职业院校章程的效率目标在章程理念体系中处于实践层面，章程本身具有的“内部法”效力为内部治理结构的规范施加了权威影响，使治理理念的实践性得以体现。

因此，高等职业院校章程的建构与实施要达成两种目的：一是在法制权威的层面上，对高等职业院校组织机构的权力运行施加约束与影响；二是在合理规范的基础上，保障高等职业院校的内部治理的效率。章程将高等职业院校治理的结构建设与效率目标内化为自身的理念，并为强化理性决策的权威性及民主监督权利的实现提供了理论依据。同时，高等职业院校章程作为一种理念，是治理文化和制度理性的体现。高等职业院校章程的治理实效是指章程既要保障高等职业院校作为教育组织的基本属性的体现，又要确保章程作用的发挥能够符合高等职业院校内部治理运行的规律。高等职业院校治理理念是对章程建设过程的理性要素的凝练与升华，现代高等职业院校制度在这一过程中为高等职业院校理念的践行提供了执行依据。章程理念是现代高等职业院校建设背景下，实现章程权威与实效的重要理论，也是高等职业院校法治建设与法治保障环节中关键的组成部分。

5.1.4 彰显文化意蕴，重构治理内涵

文化因素的引入，是现代职业教育治理的重要特质。教育的核心是人与文化之间的双向互动，先进的文化可以教化心灵、培育人的精神成长。作为推动社会进步的“软实力”，文化是教育现代化的重要内容，现代社会的多元文化氛围为职业教育治理提供了选择的空间。从这个意义上说，治理其实是一种文化选择。现代职业教育的“现代性”不仅体现为其对职业教育文化内涵的彰显，也体现为其对多元文化的包容与接纳。引入文化因素的“软治理”是职业教育发展新阶段的要求，是提升职业教育治理能力软实力的有效途径。

职业教育的教育属性使其难以摒弃文化而实现自治，将文化因素引入现代职业教育治理丰富了现代职业教育治理的价值内涵，彰显了现代职业教育治理体系精神内核的先进性与时代性，是构建现代职业教育体系的题中应有之义。

其一，在职业教育治理规章制度之外引入文化因素，可以为现代职业教育治理行为提供文化约束，规范治理过程。国家积极提倡的职业教育工匠精神实际上就是一种文化引入，是对新时代职业人的精益求精、追求卓越精神的提倡。

其二，现代社会的多元文化氛围为职业教育治理提供了选择的空间。在治理过程中，文化认同为各方利益主体提供了沟通的桥梁，有助于治理相关事务的协调与沟通。

其三，共同的文化价值追求是形成信仰的条件，信仰为治理目标的达成提供了美好的愿景，带动治理力量的发挥。例如，以绿色工业文化为代表的先进工业文化是现代职业教育治理与工业文明的碰撞与融合，多元主体对生态文明的共同关注与提倡，为高等职业院校治理提供了具有参考价值的治理模式和规范。

将先进的文化理念纳入现代职业教育治理内容之中，能够满足工业社会或后工业社会对职业教育体系的运行要求，符合人类建设精神家园的需要。现代职业教育具有教育固有的公益属性，肩负着传播先进文化理念的责任与使命。章程规定了治理的规则和权力划分，治理决策的依据应该是治理所提倡的文化内涵，包括治理的使命、治理愿景、治理的核心价值观等，蕴含文化的治理决策不是“拍脑袋”，而是对高等职业院校内涵式长期发展的考量。先进文化代表一种价值判断，将先进文化纳入治理过程中有利于提升治理效益，丰富治理内涵。当前，高等职业院校章程应纳入文化要素，强调文化的作用与力量，致力于打造中国特色的治理模式。具体有以下四种方式。

第一，引入和谐治理理念。和谐治理是“和”文化的价值追求。在治理实践中，和谐治理要求在合作共赢的原则下处理治理关系，治理的主体以“和”的态度和方式采取联合行动，主张协商与包容，建立广泛的合作框架。以治理为核心的价值认同是文化认同的基础，因此，现代职业教育治理以协商为基础寻找利益契合点以达成合作共赢的目标，同时，通过规范化的制度建设保证主体的利益诉求得以实现，以树立共同愿景达成文化认同。

第二，引入生态治理理念。生态治理是现代职业教育治理的潮流。

以绿色校园文化和绿色工业文化为代表的生态治理文化丰富了现代高等职业院校治理内涵，是新时期高等职业院校内涵式发展的要求。如在现代职业教育治理实践中，将绿色工业文化融入职业教育教学中，有意识地培养“准职业人”的绿色文化意识与文明，将绿色生产理念融入职业教育培养全过程。

第三，提倡创新治理。治理应体现时代的特征，新时期的治理改革不仅是对过去治理体系和治理能力现代化经验与智慧的总结，还是着眼于未来高等职业院校发展所作出的规划。未来几年，我国高等职业教育将面临扩大优质教育资源、增强院校办学活力、完善质量保障机制的任务。据此可看出，实现高职教育发展，需要创新的文化理念做支撑，着眼于高等职业院校的未来发展，以更加长远的眼光和更加丰富的治理方式创新治理的文化理念，以中国深厚的文化为基础，开创具有中国特色的高等职业院校治理模式。

第四，提倡可持续的生态治理方式。现代职业教育治理强调对生态价值的关注，注重人与自然的和谐发展。将先进的生态文化理念注入现代职业教育治理实践中，全方位地渗透生态文明的精神内核，是建设中国特色现代职业教育治理文化、提升现代职业教育治理能力的迫切需要。以先进的工业文化建设思想丰富职业教育治理文化内涵，是凸显工业文化特征的治理之义。就治理内容来说，将工业文化元素植入校园，引导优秀的企业文化对接校园文化，有助于文化塑造与现代职业教育治理的有机融合；就治理过程而言，文化自觉是文化约束力实现的前提，要以文化活动与实践凸显文化治理的力量，树立治理主体的文化自觉，形成治理行为惯习，规范治理过程。

5.2 治理基础：内部治理结构

治理结构是制度建设中静态视域中的一个核心概念，高等职业院校治理结构包括高等职业院校内部治理权力配置、运行规则与关系。建立利益相关者共同治理的高等职业院校内部治理结构，是院校治理发展的历史经验。

5.2.1 内部治理结构的本质

高等职业院校内部治理结构关注权力的分配与平衡，基于章程的高等职业院校治理结构本质是利益相关者参与治理的权力博弈。目前来看，我国大部分高等职业院校仍沿袭了传统的科层制治理方式，但这一治理权力格局往往不能达成治理结构的权力平衡。事实上，多数利益相关者的利益诉求处于被忽视的状态，造成治理秩序的不稳定。从院校内部来说，传统的治理模式不能适应当前教育改革的多元共治发展趋势，与之相匹配的治理手段和治理工具也难以满足快速发展的高等职业院校治理需求；从外部来说，政治与行政权力参与高等职业院校管理，但并不满足利益均衡的治理运行机制要求。因此，建立利益共享的实施机制，形成权力的多元化与权力平衡格局，是改善高等职业院校内部治理结构，建立新型的内部治理关系的关键。

在治理权力的问题上，管理和治理具有不同的侧重点，管理强调权力的集中，即将组织权力集中到某个个体或组织上，以增强组织效率；治理强调的是分权，以权力的重新分配增强治理民主性。现代教育从管理走向治理，要求改变传统的以政治和行政权力为中心的治理模式，通过多元利益主体的参与形成多中心治理的格局。基于权力的重新分配，将原本集中的行政权力合理分配给院校治理利益相关者，从而调动全员参与治理，构建多元共治的治理新局面成为高等职业院校改革的新时期任务。

治理权力分配有多种形式。

第一，从中心向四周分配，即治理权力从传统的政治和行政中心，逐渐向四周扩散，将权力分配给师生、职工、合作组织等。

第二，在不同的权力内容之间分配。高等教育改革的趋势是逐渐减少行政干预，使学术权力真正具有学科与专业建设、学术研究及发展等方面的决策权，使民主监督权力能够真正得到尊重，并拥有充分话语权。

第三，政治权力分权给行政权力。政治和行政权力的重叠、交叉是现实中经常会发生的情况，二者权责不清造成政治与行政的双重压力。政治权力的越界往往会导致决策与实践脱节，造成资源浪费。权力分配不是目的，分权制衡才是治理要实现的局面，是现代教育改革的立足点。分权制衡的要义在于权力制衡。权力制衡是指两种或多种权力的制约与抗衡，它不仅有利于加强权力监督，起到约束权力的作用，同时也可以使各种权力在实施或运行中达到平衡，保证社会合理的发展方向。

由此可见，高等职业院校治理是各类利益主体依据各自职责参与多元管理的协调互动过程。院校章程通过厘定院校组织机构及其权力组成，健全和完善治理结构，保障各方利益主体都能通过合理的形式与渠道，以章为据，依章履职，主动参与院校相关事务的管理，促进院校政治、行政、学术和民主权利的相互作用、相互影响，实现章程建设在院校不同领域和过程中的激励、制约作用，凝聚形成高等职业院校的发展合力。

5.2.2 内部治理结构的现存问题

尽管高等职业院校自治的论据符合高等职业院校自身发展的逻辑体系，但高等职业院校自治从来都是一种有边界的自治。高等职业院校内部各种权力的相互制衡，是高等职业院校自治的基础，然而，由于高等职业院校内部治理结构的不完善，导致治理实践中出现种种问题，主要表现为以下几方面。

1. 内部治理结构过于封闭，治理效率低下

高等职业院校内部治理结构的封闭体现于以下两点：其一，组织机构权责界限模糊，直接影响了高等职业院校治理组织机构职权划分，致使实践任务的履行难度加大；其二，行业企业等市场主体的参与度不足，高等职业院校与行业企业互动不足。

校企合作是高等职业院校治理的活力所在，内部治理结构设置的开放性不足，将难以形成二者间的互动效应，降低深度合作效果。总之，市场参与度低、社会互动不足、高等职业院校内部治理未能形成合力以及高等职业院校内部治理组织结构相互制约的内耗阻碍了治理

目标的达成，如果高等职业院校内部治理结构不改革，高等职业院校多元共治格局就难以实现。在实际工作中，为有效地推动高等职业院校内部治理结构的发展，应充分重视高等职业院校内部治理封闭、职责界限不清等问题，并有针对性地进行改进。

2. 治理权力边界不清，治理矛盾突出

《中华人民共和国高等教育法》以法律形式确定了我国公立高等院校的内部治理实行党委领导下的校长负责制。厘清政治、行政和学术权力的边界，建立良好的内部治理权力关系，是当前我国高等职业院校内部治理体系建设面临的最突出的难题。

治理方式的多样化是现代教育治理的特征，一切有利于提升治理实效的治理方式、方法都可以运用到治理中。在推进高等职业院校治理的实践中，既要强调正式的制度化的民主协商，又要注重非正式的协商约定。在院校内部治理结构中，确定多元权力主体的职责是实施有序治理的前提，政治、行政和学术权力分别行使决策、执行和教研的职能，才能最终实现高等职业院校内部治理结构的完善。

5.2.3 内部治理的基本要求

实现高等职业院校自治、保障依法治校是高等职业院校章程的基本功能。高等职业院校章程最初是以高等职业院校“特许状”的形式呈现的，而“特许状”的作用就是使高等职业院校特有的内部治理结构能得到社会的支持，从而使其更合理合法地开展高等职业院校学术活动。在现代高等职业院校制度创新的背景下，高等职业院校章程是高等职业院校治理的依据，在整个高等职业院校内部制度体系中处于核心地位，它决定了院校内部治理的结构和形态。

高等职业院校治理工作涉及方方面面，每一部分的运行都要有相应的规章制度作保障。因此，为保证学校整体工作的有序运行，在规范治理的前提下，立足院校的可持续发展，高等职业院校内部治理应满足决策民主、分权制衡和行为法治的基本要求。

1. 决策民主

民主管理是高等职业教育治理改革的未来方向。所谓民主管理，实际上就是通过民主参与决策实现多元权力间的相互制衡。高等职业院校治理是依据章程的治理，章程条款是治理的程序性规定，体现了对治理权力的分配。高等职业院校治理决策民主要求多元权力共同参与治理决策，并充分发挥治理主体话语权，使治理的制度方案设计经过民主协商达成一致而定。从根本上说，治理决策的形成，以利益相关者形成合意为基础，没有这个基础，就难以实现理性决策。在院校章程的程序规定中，要促成民主决策制度的建立，需要对权力进行合理配置。需要强调的是，院校的集体民主决策制度，必须为学术的诉求表达提供最大空间。就我国院校制度改革而言，就是要让广大师生参与到院校治理之中。

2. 分权制衡

分权强调多主体的广泛参与，这是当代教育治理的趋势，也是实现教育民主治理的要求，建立多主体广泛参与的分权机制，实现不同维度的权力制衡，可以使教育质量趋向优化。通过分权加强高校内部权力的制约与监督是高等职业院校治理结构优化的可行路径。同时，针对具体的治理实践，还应该结合高等职业院校治理改革的理念，确保制度建设与治理实践的有效结合，保证治理的整体效果。

3. 行为法治

行为法治是指治理行为要合法，体现正义理念。正义体现法律的基本价值，强调个人行为和社会制度的公正性、合理性。行为法治是治理规范的重要前提，它反映了高等院校治理的规范化水平，关乎高等院校的有序运行。以行为法治达成治理的规范化有其合理性。其一，高等院校治理模式不仅要规范运行方式，还要引领学校发展。行为法治有助于治理程序的规范化，以章程规定治理行为使得治理过程具有可控性，这就为治理程序正义的实现奠定了基础。其二，在内容上，高等院校治理现代化的实现涉及高等院校制度、政策、体制机制、技术等在内的一系列内外部因素，多重因素使得治理过程要实现科学化、合理化，行为必须是符合法治规范的。其三，治理是需要通过实践来实现的，面向治理目标的治理行为必须合乎理性。

5.3 治理运行：契约规制的多重均衡

在经济学中，均衡指的是由于各种变量的相互作用而达成的一种无变化趋势的静止状态。制度的均衡也是如此，它是指制度的供给和需求相互作用，达成了一种稳定的、没有变动趋势的平衡状态。制度均衡的实现过程，是一个非常复杂的博弈过程。从制度需求的角度来看，不同的人对制度的需求是不同的，对同样的具体制度安排，也存在着相互对立的需求的可能，从而导致各方意见难以达成一致。为了促进意见统一，制度改革成为必需，这种改革的本质就是利益的重新调整。

对高等职业院校治理而言，表征契约的章程是高等职业院校治理制度的载体，章程建设就是要确立院校内部的制度架构，规定行政和学术机构的组织原则和程序性步骤。推动章程建设机制转型、构建章程建设的多重均衡模式、促进治理有序运行，是章程关于治理主体权力发挥的程序化设计的目的所在。治理能力是在治理过程中为了实现治理目标而制定和执行制度的能力，具体表现为制度的制定能力、实施能力和调适能力。为了适应新的治理环境，实现制度的改革和创新，应该从契约的制定、实施和评估等方面入手，构建完善的治理机制，提升治理能力。

5.3.1 契约制定：利益相关者共同参与的协商平衡机制

2011 年《高等学校章程制定暂行办法》的颁布，引起了各方对高校章程的关注。章程在学校的制度体系建设中发挥基础性的作用，具有规范和引领院校内部自治的功能。从制定主体来讲，由谁来制定是章程建设首先要考虑的问题。章程制定本身就是一个各治理主体参与院校治理的过程，在章程制定环节，明确主体非常关键，因为这关乎章程的科学性、合法性问题。基于现代职业教育的多元利益主体构成，为实现章程建设的规范化和科学化，章程建设应积极吸引多元利益主体参与，不仅要包括教育主管部门、高等职业院校教职员工、学生，还应包括行业企业、职业介绍机构、劳动部门等组织。高等职业院校章程制定应该使得各利益相关者的责、权相统一：一方面要充分保障各利益相关者的合法权益；另一方面要明确各利益相关者的责任和义务，并制定有力举措促使各利益相关者能切实履行其职责和义务。

从内容来说，章程内容一般分为序言和正文两个部分：序言部分主要阐述学校的办学历史、办学理念、办学传统、办学特色和办学目标等；正文部分为具体条款，主要包括总则、学校定位、教育形式、组织结构设置、管理体制、教师与学生、内部治理结构、经费与资产、校徽、校旗、校歌、校庆日、附则等内容（见表 5-1）。

表 5-1　六所高等职业院校章程内容对比

学校名称	条款数	内容
宁波职业技术学院	七十一条	序言，总则，内部治理体系，政产学研合作，二级教学单位，学生和校友，教职员工，经费、资产与后勤，社会服务，学校标识，附则
常州工程职业技术学院	一百二十条	序言，总则，学院与举办者、管理者和相关社会组织的关系，办学使命，学院内部治理结构，二级学院（部），师生员工，经费、资产与后勤保障，校训、校徽、校旗、校歌、校庆日，附则
浙江经贸职业技术学院	七十七条	序言，总则，治理结构，人才培养与科学研究，教职员工，学生，校友，经费与资产，学校标识，附则
杭州科技职业技术学院	七十四条	序言，总则，职能，组织结构与管理体制，学生，教职工，经费与资产，学校与社会，学校标识，附则
浙江金融职业学院	七十七条	序言，总则，组织管理体制，教职员工，学生与校友，经费、资产与后勤保障，外部关系，学校标识，附则
温州职业技术学院	七十九条	序言，总则，组织管理体制，教职员工，学生，经费、资产及后勤保障，学校与社会，学校标识，附则

从章程的制定程序来讲，高等职业院校的章程制定一般包括“形成草案→草案公告→审议和通过→章程核准→章程修改”五个阶段（见图 5-2）。

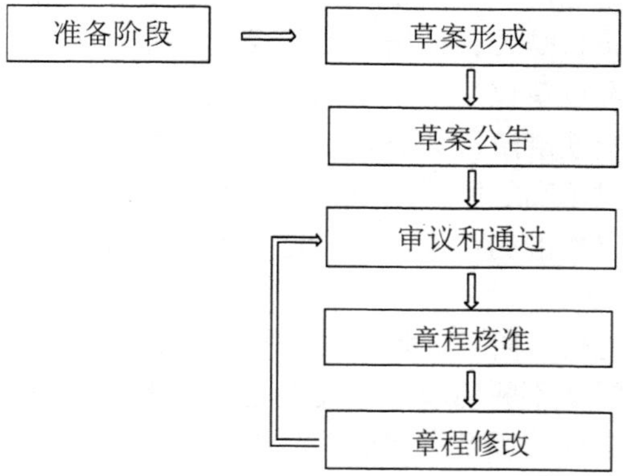

图 5-2　章程制定流程示例图

第一，章程起草阶段。在机构设置上，高等职业院校普遍重视章程的制定工作，并成立专门机构进行章程的起草工作。在起草之前需要合理地遴选专业成员参与，保证参与者具有专业的技术和眼光，除此之外还要支持不同利益主体参与治理，充分听取其意见，最终确定章程草案。

第二，草案公告阶段。草案形成之后，应该在全校乃至社会范围内公布，这个举措有两层含义。其一，章程是治理的制度载体，涉及多方主体利益，公布草案是高等职业院校实施信息公开，履行回应治理利益相关者知情权的职责体现。其二，草案的公布可以引发各界对高等职业院校治理的关注，通过广泛的讨论收集改进建议，也保障了利益相关者参与治理的话语权。草案的制定体现了高等职业院校治理的民主协商过程，实际上是一个各方主体相互博弈的过程，通过协商修改草案是对各方利益关系的调整，是各方权力博弈的结果，章程就是在反复的调整和修改中形成终稿的。

第三，审议和通过阶段。审议就是对各方讨论和修改意见的审视和再议。一般情况下，章程草案的审议由相关的教育主管部门负责。审议主要关注的是章程内容的合法性、实施的可行性和章程具体条款等方面，比如审查章程的内容是否与现行的法律法规相抵触，章程整体是否具有规范性，章程实施后是否存在促进院校治理的可能性，以及章程的具体条款是否存在语义上的模糊不清或概念上的歧义，等等。通过是指章程经过审议后初步定稿，章程通过后进入核准阶段。

第四，章程核准阶段。章程制定完毕必须报请教育行政部门审核。教育行政部门对于高等职业院校提交的章程定稿进行审议，提出新的修改意见或予以批准的过程，这一过程也可以看作政府参与章程制定的过程。

第五，章程修改阶段。治理是个持续的过程，所以章程在相对稳定的基础上仍需要不断修改，以使其更加完善。章程建设应该和高等职业院校内外部环境以及高等职业院校自身的发展阶段相适应。需要注意的是，章程制定的主体也是章程修改的主体，所以章程的修改同样是一个多元利益相关者共同参与治理的过程。

综上可以看出，章程制定的每个阶段都体现着利益相关者共同治理的思想，不仅体现出治理程序的民主性，也体现出章程治理的开放性。这样的章程制定过程可以克服理性不足的状况，使治理选择的结果更符合理性。

5.3.2 契约实施：治理过程的程序公开机制

治理不是一蹴而就的，必须经历必要的、完整的程序与过程。从制度方面来讲，治理过程包含治理制度制定、执行和实施的一系列活动和程序。治理实践并不总是理性的，所有非理性的主观行为和客观上的信息失灵都会造成治理秩序的混乱，此种情况下，通过制定治理规章制度来约束治理主体行为、规约治理过程、监督治理行为就显得尤为重要。从治理主体方面来说，治理过程是多元主体通过协商达成治理目的的实践活动，不同主体间监督机制的建立是治理过程发挥实效的重要条件。

章程的生命力在于良好的实施，章程只有得到了有效实施，才能发挥其制度效力，引导高等职业院校治理改革方向。因此，从本质上来说，章程具有实践性，章程的实践性体现在文本和具体治理活动中。

章程是高等职业院校实施治理活动的依据，落实章程是对学校各职能部门的要求。各职能部门应根据学校党委和行政部门指示，建立治理目标体系，自上而下，对章程目标进行分解，明确各个部门的具体职责与分工。同时，各部门要建立专项目标任务计划，制定任务执行方案，在充分讨论的基础上，通过密切协作，完成任务。在此过程中，各组织部门要积极配合，以达成治理目标为己任，促进治理高效实施，还应根据章程规定的办学规模、教育形式、治理结构等，明确治理责任和义务，分阶段、分步骤制定实施方案。

章程的实施以章程的制定为前提。章程理念的落实要以章程的认同性为前提，通过宣传和讲解章程的作用和地位，引导以章程为基础的治理方向，使参与治理的利益相关者可以自觉地遵守章程规则。章程实施的民主性在于各利益主体积极参与治理全过程，包括治理决策、治理实施、治理效果评价以及治理反馈等。但同时应该看到，多元主体的参与为治理提供充足动力的同时也对治理过程的有序提出了挑战。高等职业院校治理主体数量较多，这就需要在治理中建立民主监督机制，以民主监督力量的加入保证治理过程的秩序化，从内外两方面提升治理的总体效应。

综上所述，规范治理过程，要做到制度与机制的统一。一是树立章程治理的理念，以广泛的宣传和实践活动树立章程的“内部法”权威，引导章程治理的制度化方向；还要树立自觉遵守章程规则、按照章程办事的治理理念，从主体意识上建立治理有法可依的概念，为章程治理打下基础。二是以章程为统领完善制度体系。以高等职业院校章程为依据推进制度创新工作，全面而系统地梳理规章制度，不断完善制度体系。三是建立健全内部治理结构。如结合学校实际制定出符合学校未来发展的规章细则，健全各类会议议事规则和决策机制；结合学校实际制定院系二级的制度实施细则，明确决策形式、内容和机制，进一步增强组织科学决策能力。

5.3.3 契约评估：治理实效的监督评估机制

契约是基于权力构建的，有权力就必然要有监督，没有监督的权力是不符合公共理性要求的。在高等职业院校治理中，契约作为制度的载体，享有治理的公权力。而随着社会环境的变化，契约的公权力不再具有绝对的权威，为顺应时代的发展，契约必须在改革中寻求保障，通过自我强化和监督机制，保障基于契约的治理运行妥当。

监督机制指的是各治理主体之间对治理行为、过程、效果的反馈与评估。这种监督的最终目的是通过沟通和对话，实现多方信息的交流，从而理性认识和解决分歧，进而促进治理制度的制定和执行。治理的多元主体与复杂内涵决定治理过程无法进行单一层面的概括，治理主体之间互相监督，及时纠正治理过程中可能出现的偏差，最大程度地减少治理风险，是职业教育治理的现实需要。例如，在治理职能上，政府不仅是高等职业院校治理的利益主体之一，还是治理的重要参与者，也是治理监督的实施者，其关于区域职业教育治理改革的政策规划可为区域职业教育改革创新指明方向，同时其也可给职业教育与区域经济的管理行为、资金投入提供有效的监督。行业组织具有信息优势，可以通过提供校企合作服务、制定人才培养规划、监督教育教学服务等在治理中发挥服务、协调与监督作用。

治理的监督评价应该从整体来把控，基于完整的设计，系统化实施治理措施。首先，高等职业院校应该按照治理目标，依照章程进行治理，按照治理结构的要求，建立专门的治理监督机构或治理工作小组，对治理的全过程实施动态监控，并给出较可参考的评价意见。其次，各治理监督机构应针对具有改进空间的治理环节或内容，提出改进的建议，及时反馈信息。这一措施不仅可以为治理过程中的失误赢取改正的时间和空间，而且有助于在整体上提升治理效果。

在评价方式上，高等职业院校治理采取自评与他评相结合、定性与定量相结合、过程与结果相结合的方式。

第一，自评与他评相结合。校内自评是高等职业院校采取多种方式进行自主评价的途径，具体为通过校内自评发现治理中的失误与难题，经过讨论，采取措施进行改进。校内自评是现代高等职业院校保障人才培养质量和保证内部治理结构运行有序的评价方式之一。他评是专家或与高等职业院校治理无关的第三方对高等职业院校治理进行评价的方式。二者的结合能够确保评价的合理性，这也是现代教育评价经常采用的评价方法。

第二，定性与定量评价相结合。通过定性评价探索现代治理的正确路径，通过定量评价建立指标体系，可以提高评价的科学性。

第三，过程与结果评价相结合。治理是一个动态发展的过程，单纯依靠结果评价不能全面地反映治理运行的动态过程，也不能够有效地评价治理结构的改进。因此，治理评价不仅仅要关注治理的实际结果，还应该关注治理过程，开展过程评价有助于治理按照质量管理体系运行，更有助于治理结构的持续改进。

5.4 治理保障：民主权利监督

民主是按照平等原则来共同管理国家事务的一种制度，监督是为了到达某种目的而进行的检察活动，监督是一个动态的过程，强调权力间的制约。随着民主政治的发展，民主有了更加丰富的内涵，它将道德和正义概念纳入进来，并给予制度保障。作为制度的载体，高等职业院校章程应是正义的、民主的，所以民主监督的价值理念应该纳入章程制定和实施的思想中来。

5.4.1 民主权利合法参与治理

民主监督的本质是权力的制约与制衡，在政府管理中是这样，在高等职业院校治理中也是如此，对高等职业院校来说，民主监督的根本目的就是有效遏制内部权力的滥用，并且规范权力的运行。衡量高等职业院校民主监督是否完善，就是要看民主权利主体对院校权力主体行为的制约状况。民主权利合法参与治理是由民主权利在治理权力监督与制约中的重要作用决定的，同时也是现代我国高等职业院校内涵式发展、可持续性发展的现实需要。

我国高等职业院校权力主要有政治、行政、学术和民主权利四种，各种权力的相互作用与制约构成了高等职业院校治理权力网络结构。

当前，在高等职业院校治理改革的推动下，高等职业院校打破以往行政权力一方独大的局面，形成政治、行政和学术权力划界分治的治理局面——政治权力负责院校整体发展规划与决策，行政权力负责行政执行，学术权力负责学术事务的决策与执行。但这并不能构成治理权力的完整体系，高等职业院校治理改革还需要有民主权利负责院校治理的质量监督。以四种权力的职责发挥形成决策、执行和监督的治理质量循环系统是高等职业院校内部治理改革的目标。同时，要进一步完善教代会、职代会、学代会的具体工作制度，充分发挥教代会、职代会、学代会的民主管理与民主监督职能。

以教代会为例，教代会民主监督是以教师为主体的群体对行政领导权力进行的一种监督，教代会在学校与院系两个层级行使监督权。在具有民主氛围的院校治理中，党委与行政部门分别是决策和执行机构，教代会行使的是监督机构的职责，可见教代会在院校治理中的地位是十分重要的。教代会是高等学校民主监督的最基本形式，在高等职业院校治理中，以教代会行使民主权利监督的目的是：审议院校重大决策，以确保治理决策的科学性；维护教师群体在院校治理中的合法权益，保障教师参与治理的话语权；监督行政权力的治理行为，确保治理政策及决策的正确落实。由此可以看出，民主监督在院校治理中发挥着极其重要的作用，是院校治理目标达成的重要助力。因此，完善教代会制度应该成为建立现代大学制度的重要内容，它对推进高等职业院校依法治理、依法行政具有重要作用。

5.4.2 民主权利监督制度的完善

“如果政府不赋予公众尊重法律的权利，那么社会公众便没办法尊重法律；如果政府不区分法律与命令，那么社会公众也不会尊重法律；如果政府不正视权力，那么法的权威便难以确立，教师的民主前提必须是受到法律的保护。”[①]因此，要建立有效的民主权利监督制度，必

① H. 乔治·弗雷德里克森. 公共行政的精神[M]. 张成福，刘霞，张璋，等译. 北京：中国人民大学出版社，2003.

须以法律保障为基础。其一，建立民主监督的法律保障。同样以教代会为例，教代会制度的建设要以相关法律法规为前提，据此制定教代会工作细则，明确教代会权力和责任。在法律法规不健全的情况下，制度建设的随意性较大，这种情况下，教代会应该加强自身建设，提高教代会的工作任务完成质量。其二，确保民主监督措施可以落到实处。例如通过实施《高等学校教职工代表大会暂行条例》保障教代会制度建设落到实处，通过创新工作机制来促进教代会的制度改革等。

哈贝马斯认为民主政治的关键在于程序的民主。在治理实践中，民主权利监督不仅是一种制度保障，更是一种民主程序。从一定意义上说，公正的民主监督程序是保证民主权利监督有效的前提条件。建立民主监督程序可以尝试以下途径。

首先，实行校务公开制度。校务公开是高等院校实施民主监督的基础，校务公开的范围在一定程度上体现了高等院校的民主化程度，它能够有效地促进民主监督权力的落实。通过校务公开，各界可以了解到权力的运行和分配机制、院校治理的详细决策及其实施的情况。校务公开要注意以下几点：一是要保证公开内容的准确全面，保证公开的内容是关于院校治理的关键和核心问题；二是根据院校的工作实际实施校务公开，同时要注意时机和形式，要在合理的时机采用恰当的形式公开；三是要保证校务公开的程序规范。

其次，建立听证制度。听证制度是自上而下进行民主监督的一种制度措施，是实现治理信息沟通、采纳广泛意见的一种有效途径。高等职业院校可以通过建立民主参与的听证制度，并通过公示校务信息，实现行政工作的科学与民主。如在处理与教师和学生切身利益相关的事务时，及时听取教师和学生的反馈，并进行及时的回复和说明。

最后，创建网络信息交流平台。目前在实施民主监督的过程中，教师或学生获取有关院校治理的信息，大多是通过网络渠道获得的，但有时信息难以实现及时传达，采取有效措施的最佳时机往往被耽搁。对于此种情况，首要的是完善信息网络系统，建立专门的网络交流平台，实现校务信息的及时公开和反馈，这样教师和学生就可以通过专门的信息平台进行沟通和讨论，进一步健全治理沟通机制。

5.5 本章小结

本章从治理的前提、治理的基础、治理的运行和治理的保障四个方面阐述了基于章程的高等职业院校治理运行机制，明确了契约的制度化过程是高等职业院校治理的基本运行机理（见图 5-3）。从本章的探讨中，可以看出章程的治理价值体现于其制定、实施和评估的整个过程，高等职业院校是一个利益相关者的联盟，高等职业院校制度建设在本质上就是要协调各利益相关者的相互关系。作为一种协调利益关系的制度载体，章程是各方主体权力博弈产生的规范，必须反映不同主体的意志，因此章程应该由院校各利益相关者共同参与制定而成。

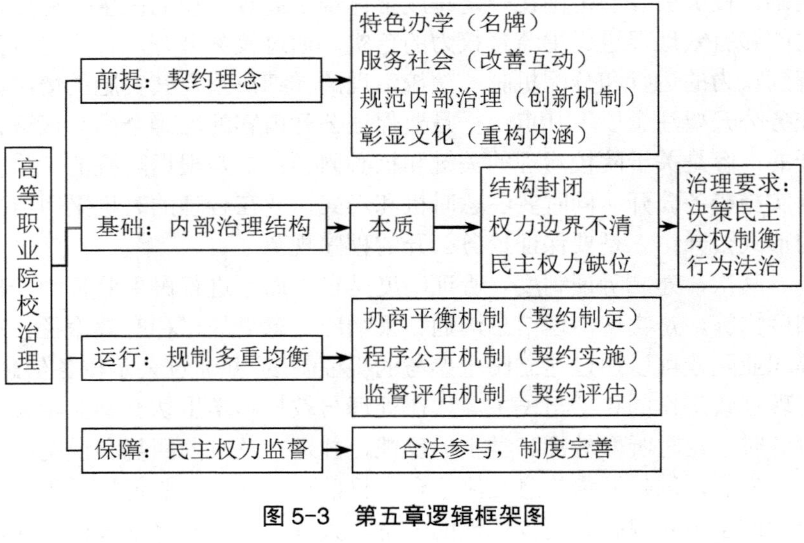

图 5-3 第五章逻辑框架图

第六章　基于章程的高等职业院校治理改进思路

2015 年，教育部印发了《高等职业教育创新发展行动计划（2015—2018 年）》，指出高等职业院校应该走创新发展的道路。为获得更好的发展机遇，高等职业院校应结合自身发展的实际情况，不断完善治理结构，推进高等职业院校的制度建设，建立健全自主管理、民主监督等高等职业院校内部治理结构，切实将各项制度与改革教育、提升治理融合。在此基础上，高等职业院校需综合评估自身发展现状，结合教育教学工作及内部治理工作中存在的问题，进行深入探究，制定有效的治理方案，积极推进高等职业院校治理现代化。

6.1 提供制度约束：基于契约的制度化治理规范与程序

改进基于章程的高等职业院校治理，优良的制度设计是关键。制度设计的重点在于三个方面：一是要符合国家宏观的教育政策倡议和治理改革精神，以制度建设巩固改革成果，促进高等职业院校改革的进一步深化；二是要与当前职业教育特定阶段的任务对接，促进现代院校制度体系建设，扎实推进现代职业教育治理体系现代化进程；三是要与高等职业院校的办学定位相匹配，建立健全高等职业院校内外管理制度体系。将这些要求在高等职业院校制度设计中予以明确，才能健全和完善高等职业院校治理体系，保障高等职业院校改革的科学化。制度建设是治理改革的成果体现，也是治理改革的落脚点。章程是高等职业院校内部治理的“基本法”，也是院校内部各类规章制度建设的依据，建立以章程为核心的高等职业院校治理制度体系，理顺高等职业院校内外部治理关系，形成制度化的治理规范与程序，是明确治理结构、落实治理主体权责、提升治理效率的基础。

6.1.1 建立健全法人治理制度，明晰治理权责

现代职业院校内涵式发展要求其制度建设要在治理层面形成整体设计，要基于职业院校的教育目标，立足职业院校本身的发展需求及特点，就职业院校内部治理的组织结构设计及权力配置、协调等进行系统化的科学安排。同时，对外部来说，基于现代职业教育的多元主体参与的特点，职业院校制度建设还要兼顾与外部利益相关者的关系，形成内外部协调发展的治理机制。高等职业院校治理是用制度承载使命的治理，是用制度传递院校理念的治理。章程则是治理在制度层面的首要表征，其不仅应合乎国家法治之基本精神与尺度，更应体现院校自治之规则。章程是治理相关利益主体利益表达的制度性框架，体现各利益主体的治理决策与控制权的分配和均衡，是高等职业院校办学的根本制度。

从经济学角度来说，在交易的过程中个体会尽力实现个人利益的最大化，而现实中，由于信息的不对称、契约观念的缺失以及市场机制的不完善等，交易双方的交易费用会增加，不利于高等职业院校参与市场竞争。建立健全高校法人治理制度是有效调整高等职业院校与政府关系的需要，是划分高等职业院校内部组织机构和行政工作人员权责利边界的重要途径。通过明晰政府的权力边界，为政府的治理行为划定权限，有利于保证院校法人的独立地位，避免他者对院校治理权力的非法干涉。院校具有了独立的法人资格，就可以与其他组织一样平等地参与市场竞争，并通过革新体制机制，不断提升院校的市场竞争力。在高等职业院校内部，应通过组织机构调整满足组织成员的需求，避免恶性竞争，保障院校治理内部秩序的稳定和有序。具体可以从以下两方面着手。

1. 精简组织机构，建立董事会决策制度

调整组织结构、理顺组织内部关系、建立董事会决策制度，是

现阶段我国公立高等职业院校治理结构改革的核心内容。其包括：（1）制定董事会章程，明确董事会在高等职业院校治理中的角色定位、基本职能及其权力和责任，建立理事会制度，发挥理事会关于治理各项事务的咨询、审议和监督作用；（2）精简组织机构，对高等职业院校内部职能重复或多余的组织机构进行整合，以治理高效为原则，搭建最优良的组织结构。多元化组织内部成员结构，比如让教育专家、企业人、政府机关人士等加入董事会，提升董事会决策的科学性；（3）建立高效的管理运行机制，确保治理改革措施能在不同层级间顺利推进；建立健全治理运行和保障机制，进一步完善人才培养、考核、招生、就业、财务分配等制度；（4）设立内部合作机构，即高等职业院校内部进行业务或特定事务交流的机构，以增强治理针对性，提高组织运行效率，提升组织治理能力。

2. 建立以专业骨干为首的学术委员会

学术委员会是行使学术相关事务的咨询、审议和决策职权的学术组织。基于职业教育的实践性，高等职业院校的学术研究体现出特定的专业性或职业性特征，即其更加强调针对特定专业或职业的系统知识，故高等职业院校的学术委员会与一般高等院校略有不同，其一般由专业骨干和行业企业专家组成，而不仅限于院系教师。相应的，院校制度中亦应明确学术事务的范围，赋予院系学术委员会学术决策资格。

6.1.2 改革院校产权制度，实现产权结构多元化

经济学视角下的产权，指的是财产所有权，是财产所有人依法使用和处理财产的权利。在经济社会生活中，产权具有调控和配置资源的功能，它是一种责任关系，同时又是一种经济关系。用经济领域的产权概念分析教育领域的产权关系是近年来教育理论研究的潮流。从概念来讲，狭义的教育产权指的是学校产权，而广义的学校产权指的是对教育财产的占有、使用、支配等一系列权力的综合，它具有可以属于不同产权主体的属性。学校产权具有权责统一的特征，它保护产权主体的权益，又要求其必须履行相应的职责。从合法性上来说，学

校产权是经法律认可的，是学校为履行或实现教育职能形成的财产权，具有权威性，依法确立并受法律保护。学校产权赋予了产权主体对学校资源利用的充分权力，保证了产权主体的产权利益的实现。

从实际办学情况来看，国家及教育主管部门是我国高等院校办学的主体，学校的办学方式、发展模式等都遵循着国家及教育主管部门的指令，高等职业院校的规模、发展、层次结构和专业建设目前尚不能应社会需求的发展变化而及时调整。教育现代化的发展方向要求必须深化教育体制改革，而改革的核心就是高等教育的产权改革。

在经济社会转型升级的新时期，改革院校产权制度、明晰院校产权边界显得尤为重要。基于此，高等职业院校产权改革应提倡多主体办学，实现产权结构多元化。简单地说，产权结构多元化就是指财产所有权的多元化，即投资主体多元化。通过产权的多元分化实现办学资源的优化组合，以多主体的相互制衡达成治理决策的科学化，在一定程度上可以改善治理的随意性和个体功利化倾向。院校可以根据自身区域内情况进行产权结构的改革，在多元主体联合办学的前提下实现资源的最优化利用，形成内部治理运行的良好基础。

实现高等职业院校的产权结构优化，可以从以下几点入手。

首先，从各方面增强职业教育的吸引力，以高效益的办学、优质的人才资源提供以及优良的教育资源吸引社会力量进行办学和投资。同时，提供多种渠道丰富投资类型和结构，以现代职业教育的开放性拓展投资方向，与社会力量采取多种方式的合作。

其次，应该明确教育资源的财权归属，界定出资者与学校法人的产权，使所有者主体与经营者主体各自的权利边界清晰，建立起良好的所有者与经营者关系。

最后，基于高等职业院校特征建立产权的激励机制。如政府可以根据高等职业院校的发展特点及需要，在人、财、物等方面加大对高等职业院校的投入，根据学校整体发展水平和社会服务效益进行拨款，以此激励办学者提高办学质量，降低办学成本，提高运作效率。

6.1.3 加强组织内部管理，提高治理效率

高等职业院校运行的质量和效率需要科学的决策与有效的监督来保障，这就需要在内部治理中关注两方面内容：一是权力分配合理，二是治理程序民主。基于良好的制度顶层设计，合理分配治理权力并确保民主参与，才能在治理运行中实现质量和效率的双重保障。高等职业院校章程是院校内部组织运行的纲领性文件，引领内部治理的协调有序是章程的使命和重要作用。在推进高等职业院校治理现代化进程中，由于多种权力的共同参与给治理有序带来挑战，为保障治理的整体效率，内部治理结构和治理程序合理化就变得非常必要。

高等职业院校内部治理效率的提高最终取决于治理决策权的科学运用。对内而言，这不仅要协调好院校内部事务中利益相关者参与决策的水平和程度，明确其权力行使范围和界限，还要优化治理决策和监督中的权力行使，在内外部利益相关者广泛参与的前提下建立信任机制，在保证科学化的基础上提高治理决策的认同度。当前，专业化分工越来越细，高等职业院校内部也因此变得更加复杂，在这样的组织环境下，对决策效率的要求就更高，只有在保证质量的前提下提高治理运行效率才能实现治理创新。对外而言，在涉及学术与人才培养的重要领域，高等职业院校要正确处理与外部环境之间的关系，如与政府、市场和其他社会组织的沟通与协调等。在这一过程中，应注意参与者监督权的运用，不断改进和优化治理决策与监督程序。

高等职业院校治理中，多种因素的参与决定了治理决策与监督的复杂性，为保证治理效率，高等职业院校内部治理的决策与监督应明确和坚持专业性标准。在治理监督中，专业化人员的组成和参与影响着整个治理过程的效率，监督权力的主体多元化构成确保了治理监督过程信息的公开透明，有利于治理参与者对治理决策过程、内容和结果的了解，有效避免了一些不必要的治理冲突与矛盾。

总之，在院校治理实践中坚持决策和监督的专业性，不仅体现了高等职业院校的自治理性，反映了高等职业院校治理决策过程中的自我约束与自我控制，还维护了高等职业院校治理的学术本质，在促进

治理效率提升的同时体现了院校独特的治理精神和使命。

以天津电子信息职业技术学院为例。天津电子信息职业技术学院是天津市重点建设的高等职业院校之一，在深化职业教育治理改革的进程中，其响应国家政策倡议，通过修订章程逐渐完善学校制度建设。

其以“依托行业、面向企业，服务天津，特色发展”的办学理念为引导，确立了基于产业发展设置专业、基于工作过程设置课程以及基于岗位要求培养技能的人才培养模式，把握天津滨海新区开发形势，充分利用办学资源，积极为滨海新区乃至全国培养电子信息行业、机电行业以及相关行业的高素质人才。在基于章程的高等职业院校治理实践中，该校以章程建设与完善为核心，积极进行内部治理改革，并取得了良好效果，为提升高等职业院校治理实效提供了有益参考。

2001 年，该校为兴办“新高职”制定了第一个学院章程，经过十年建设，学校以优秀的办学成绩通过了国家示范校验收，并迁入天津海河教育园区，开始了该校新的发展阶段。2011 年，国家颁布了《高等学校章程制定暂行办法》，明确高等院校章程的修订要求，并对章程的修订作出了具体规定。于是，在 2012 年，该校启动了章程修订工作，并专门组织了工作小组，进行章程的修改、完善工作，其间经过多次征求意见和修改稿件，在 2013 年完成了章程的修订，并报请天津市教委核准。在 2014 年，该校进入以章程为核心的制度全面修订阶段，这也是其进入新的改革发展阶段，重新建立院校制度框架的标志。

天津电子信息职业技术学院章程治理改进成效有以下几点。

（1）明确了办学体制，推进依法治校

该校在章程中设立专门一章界定学校举办者和学校的权责关系，并经过举办者确认，保障了学校办学自主权的落实；同时，通过完善学校一系列制度体系建设，建立了监督机制，并成立了专门的法制工作委员会，规范制度制定的程序，确保监督机制的有效实施。

在办学质量上，该校全面推进章程建设、学术委员会建设以及学院二级管理机制、学院质量报告机制、人事管理制度改革、教师任务量化评价标准等建设举措，树立了现代质量文化理念。该校还建设了内部质量保障体系，通过制定学校、专业、课程、师资等的质量评价目标与标准，形成规范化的质量建设制度体系，以保障和提升该校教育教学水平，切实提升职业教育的服务能力和品质。

（2）理顺了治理的权力关系，内部治理结构得到优化

在学校内部治理结构上，该校修订后的章程完善了决策机制，修改了党委与行政的决策规则，保证了决策的科学化。在学术权力的保障上，该校章程明确规定了校级领导不可以参加学术委员会。在管理层级制度上，实行二级管理是该校的制度建设特色，通过给予二级学院自主权，保证了二级学院的教育主体地位，实效显著。在民主权利监督上，新的制度建设创新了监督机制，在章程的内容中明确了教代会、学代会等组织的监督和管理职责。

在制度保障上，该校通过系统化的制度建设促进了学生工作的标准化、规范化，在强调全校工作制度统一协调的前提下，校办公室、教务处以及学生处等部门制定了完善的学生培养全过程管理制度。同时各专业也根据本专业特点，制定了相应的学生管理制度，对学生的学习、生活以及创业、奖助学金等事务进行了明确规定。这些规定不仅实现了院、系两级的制度统一，提升了该校管理效率，还为学生学习生活的各个方面提供了全面保障，保障了学生的权力行使。

（3）校企合作进一步深入

依据章程的要求，该校成立了负责“校企合作”的专门机构，即“校企合作发展委员会”，参与学校的发展事务决策，并积极纳入多元利益主体，明确界定其职责。该校在院系两级建立校企合作办公室和专业教学指导委员会。其中专业教学指导委员会负责制定以及审议专业发展规划和人才培养方案，以社会用人单位负责人为主体，由行业专家和校内专家组成。在实际中，该校通过与天津中环电子信息集团有限公司（以下简称“天津中环集团”）内企业的多方位合作，实现了校企合作的深入发展。

该校建立了互利共赢的校企合作办学体制，设立了国家现代学徒

制专业试点，进一步实现了人才培养和企业需求的对接。在企业合作的基础上，该校深化“双创”改革，服务创新创业，建立了创新创业基地，并建设了创新创业课程群，积极探索基于新技术的创新创业人才培养教育改革实践，为学生建立了全流程的“双创”服务体系。除此之外，该校还通过多种方式积极与行业企业合作，发挥学院职业教育资源优势，不断提升职业教育的服务能力。除天津中环集团内企业外，该校还与神州数码集团股份有限公司、中兴通讯股份有限公司、天津东软软件技术有限公司等数十家企业合作，积极制定人才培养方案，并使企业技术人员和技术骨干参与到该校实训课程与顶岗实习的教育教学工作中来，与学校教师合作开发实训课程，并完善校内外实训基地建设，形成了学校与企业人才共育、责任共担的校企合作良性互动模式。

为落实国家关于教育综合改革的决策部署，进一步促进人才培养供给侧和产业需求侧结构要素的融合，该校还与北京东软慧聚信息技术股份有限公司（以下简称“东软慧聚”）共同搭建了软件技术应用中心，面向全国开展应用软件开发、ERP（Enterprise Resource Planning，企业资源计划）项目实施、技术支持与培训等内容的社会服务。校企双方通过搭建立体合作平台，构建了校企深度合作的运行机制。该校依托企业资源，结合人才培养需要，完善了职业技能螺旋式提升的人才培养模式。在项目合作上，依托企业优质项目，该校与企业共同构建了理论与实践结合的合作模式。2017 年，该校派软件技术专业三名教师赴企业进行实习培训，参与东软慧聚旗下的 PMS（Project Management System，项目管理系统）、WMS（Warehouse Management System，仓库管理系统）等多个大型项目研发，成效显著。

综上，以章程建设为核心的院校治理改革为天津电子信息职业技术学院发展提供了充足的动力，章程的修订以及各项制度的进一步完善提升了其办学的活力，增强了其办学质量和效益，为该校服务滨海新区发展提供了有力的制度支撑，同时良好的治理改革举措为该校提升院校竞争力提供了基础，有利于该校的可持续发展。

6.2 厘定治理体系：民主参与的治理互动

规范的治理体系是保障治理运行程序正义的基础和条件，现代职业教育良好的治理体系有赖于治理过程中有民主参与的治理互动关系的形成。营造高等职业院校有序、和谐、共生共融的治理环境，多方面促进高等职业院校内外部治理环境的协调，对形成现代职业院校协同共治的治理格局具有重要意义。

6.2.1 规范校企合作程序，推进产教跨界融合

现代职业教育是开放、合作的，“变革下的高等职业院校常常处于紧张的环境氛围中，这是高等职业院校内部和外部力量共同作用的结果”①。从发展实际来讲，现代产业对应用型人才的需求非常旺盛，然而由于职业教育对接现代产业的能力不足，职业教育人才培养难以满足产业升级的需要，造成职业教育“供”与“求”严重失衡的局面。高等职业院校作为推进现代职业教育体系建设的绝对主力，担负着为经济社会发展输送高水平技术技能型人才的重要责任。

在当前经济社会转型升级的大背景下，高等职业院校治理应关注现代职业教育的“当前之需”，积极搭建职业教育与经济、社会的联结平台，寻求高等职业院校与企业互助合作的机会，深化教育与产业的跨界融合。一方面，高等职业院校应结合区域发展实际，以区域产业的现实需求为抓手，探寻产业发展的未来趋势，为职业教育的“精准培养”打下基础。高等职业院校需以专业对接产业需求，基于课程和教学改革，以项目为载体，树立校企协同发展目标，通过建设校企合作协调机构为校企合作提供组织保障，同时建立和完善相关的规章制度。另一方面，在信息化时代，现代职业教育的校企合作不再是院校

① 约翰 · S. 布鲁贝克. 高等教育哲学[M]. 王承绪，郑继伟，张维平，等译. 杭州：浙江教育出版社，2002.

与企业两方的合作关系，而是包括行业、企业、社区及社会公众等在内的多方跨界的互动合作关系。互动需要以平台为基础，因此，建立跨界的对话工作平台是合作的前提和条件。高等职业院校应以技术技能型人才培养为核心，建立高等职业院校治理共同体，建立跨界的互助合作机制，拓宽合作渠道，促进各领域的技术资源和物质资源的互补与共享；行业企业可以充分发挥其在成果转化、管理咨询等方面的优势，指导和开展高等职业院校专业服务与项目实践。院校与企业、社区可以广泛开展在实习、实训基地建设等方面的交流与合作，实现从合作到协同创新的转化。

现代职业教育具有产教融合的跨界属性，职业教育与产业升级之间的动态关联决定了现代职业教育治理是与产业发展需求紧密结合的。职业教育与经济社会发展和需求适切是现代职业教育现代性特征的要求，与产业对接是职业教育实现经济社会阶段性发展的诉求。然而在现实中，职业教育与产业对接往往出现错位，产教融合瓶颈难以突破。具体来说，主要表现为两个方面。

一是职业院校与区域产业对接不畅。产业的繁荣发展衍生出许多新兴行业或职业，这就要求职业教育人才应是具备综合职业能力的复合型人才，现代职业教育人才不仅要有专业通用的技术技能，还要具备良好的职业态度和职业精神。而现实中部分职业院校专业设置滞后，人才培养模式不合理等原因，这导致其培养的职业教育人才不能满足新兴行业或职业的需要，造成职业教育人才资源的浪费。

二是职业教育与培训的分离致使行业企业与现代职业教育对接困难。产教融合是教育与培训融合的结果，只有职业院校和行业企业合作才能实现“工”与“学”的结合。然而行业企业作为现代职业教育的利益主体之一，其在现代职业教育治理中的作用并没有完全体现出来，行业组织发展滞后，未能为区域产业发展提供引导，产教融合缺乏支撑平台，行业企业与职业教育难以实现资源互补、优势互补。

由此，职业教育与产业对接错位易造成严重的人才和物质资源浪费，在职业教育发展资源不足的当下，这无疑会影响现代职业教育治理的效率和结果。发挥现代职业教育治理的经济功能，优化职业教育资源配置，不仅需要职业院校与区域产业的和谐互动、共同配合，还需要行业企业的引导与参与，通过校与企的多途径合作来促进产教融合，打造合作平台，进而提升资源利用率，实现“校与企”“校与校”“企与企”的资源共享和利用。

现代产业的高速繁荣发展为职业教育跨界提供了可能性。发展职业教育、加强复合型人才的培养是实现我国由“制造大国”向“制造强国”转变的必要条件。职业教育通过科学规范的人才培养为地方和区域发展提供优质的人才资源，通过输送高质量的复合型人才切实实现了职业教育人才的“跨界”利用与流动。高等职业教育应从以下两点入手，关注当下产业发展的实际需求，积极推进产教有机融合、校企协同培养的教育模式改革，以跨界促发展。

第一，开展广泛的校企合作以促进现代职业教育和产业的对接，通过深化校企合作、创新现代培养模式来整合现代教育资源，有效拉动市场的经济活力，实现职业教育与产业发展的联动。比如在实际中，为提高岗位适应能力，增强人才培养的针对性和适应性，学校与企业可以建立“工学交替”“淡工旺学”的校企合作新型合作模式，实现校企无缝对接。

第二，行业组织提供市场人才需求信息，通过搭建校企合作平台，促进产教的深度融合，为职业院校专业建设与发展当好“导航”。利用行业信息和平台，企业可以根据区域特色通过多种形式促进产业发展，比如在少数民族聚居的地方可以根据旅游产业开发需求，发展民族风情度假服务或者民族特色旅行活动等，而职业教育可以通过与企业合作重点培养旅游服务人才，以满足区域产业发展需求。

在职业教育与社会互动方面，南京铁道职业技术学院就以章程为引领，为我国高等职业院校基于章程的治理改革提供了参考。

南京铁道职业技术学院是长三角地区唯一一所轨道交通高等职业技术学院，其坚持走合作发展的办学之路，继承和发扬校企合作、文化融合的办学传统，大力推进铁路人才培养，积极为长三角地区培育高素质的铁路人才。

2012 年 4 月，立足学校发展的实际需要，以学校的可持续发展为出发点，南京铁道职业技术学院章程建设正式启动。历时近三年，在2015年3月,江苏省教育厅核准发布了《南京铁道职业技术学院章程》。章程是学校的文化引领，引导着学院改革与发展的方向，在高等职业院校治理中，章程的作用愈发明显。南京铁道职业技术学院在章程完善与修订的过程中，结合院校发展实际，将校企合作、产教融合的理念融入章程建设中，以学校内部制度建设、校企共同合作发展为引导，积极推进产教融合，并取得了良好成效。

南京铁道职业技术学院具有悠久的办学历史，铁路精神的传承与发展是该校的文化特色。该校以章程确立了“走合作发展之路，与中国铁路同行”的办学理念，提出传承与创新铁路文化的教育任务。该校专门制定了《学校文化建设规划纲要》，力求在推进校企合作的进程中加强文化建设。这不仅体现了学校的办学特色，还为校园文化与企业文化相结合，丰富校园文化内涵打下了基础。

在校企文化建设上，南京铁道职业技术学院开展了铁路文化研究，通过建设铁路教育场馆，立足铁路企业的发展实际需要，进行铁路安全、经营等方面的研究工作。该校还与江苏省交通厅以及省铁路办公室共同建立了江苏铁路教育馆，塑造铁路文化品牌，以江苏省铁路事业发展为目标，积极打造江苏铁路文化宣传中心和成就展示中心以及铁路安全示警中心等。此外，在开展研究工作的同时，该校还善于将文化研究成果运用于铁路的文化建设上，编辑出版了有关铁路文化的图书，积极推动铁路文化进校园，以铁路精神促进校企文化融合。

依据该校章程规定，南京铁道职业技术学院坚持产教融合，积极开拓校企合作途径，力争在合作发展的道路上不断增强学校竞争力，以建设高水平、特色化的轨道交通名牌院校。为此，该校建立特色专业以服务区域产业发展，同时创新办学体制机制，积极吸引投资，与上海市铁路局建立战略合作关系，在文化建设以及科技研发等领域进行深度合作，并与上海铁路局、南京国铁电器有限公司以及中铁电气化局等多家铁路企业共同建设先进的实训基地，服务学校人才培养。

同时，为深化产教融合，该校与南京地铁集团共同成立了地铁学院，积极开展技术技能型人才联合培养，中车南京浦镇车辆有限公司的核心技术研发机构轨道交通工程控制研发中心进入校园，实现了校企共建共享，为产教的深度融合奠定了良好的基础。在国际合作方面，该校通过与俄罗斯圣彼得堡国立交通大学合作，实施铁路运营、信号专业共建教学与实习合作，为培养国际化人才提供平台。除此之外，该校还每年输送学生到韩国国立交通大学等海外大学进行交流学习，通过合作办学项目进行文化与技术交流，既丰富了学校的文化建设，又拓宽了学生视野。

综上，南京铁道职业技术学院以章程建设为核心，将校企合作的制度建设落到实处，以多种方式实践了产教融合，并显著提升了学校治理的整体实效。其以章程文化的丰富内涵引导学校治理改革与发展，弘扬铁路精神，将校企文化建设融为一体，体现了学校的办学特色，也彰显了章程的精神文化内涵。

6.2.2 提升公民意识，提高师生治理参与度

高等职业院校内部治理的关键就是治理权力在利益相关者之间的合理配置，要实现合理、有效的民主参与和高等职业院校内涵式发展，必须努力推进内部治理中的利益相关者的广泛参与，完善内部治理权力结构。然而，作为高职教育的实施和接受主体，教师和学生的权利在高等职业院校治理中往往被忽视。这是由很多因素造成的，比如适格学生参与高等职业院校治理的意愿不够强烈、参与治理意识淡薄等。高等职业院校的发展与教师和学生息息相关，其在治理中，应该具有公民意识，积极参与高等职业院校治理。

一方面，对教师而言，其不仅是高职教育的重要组成人员，还是教育教学的主要实施者，是高校教育科研的专业人员，拥有合法参与民主监督的权力。在我国高等教育内部管理体制变化的历史中，教师参与高等学校民主管理和监督的基本形式是教师代表大会，即教代会。经过几十年的发展，教代会制度作为教师参与民主监督的基本制度，功能愈加完善，并逐渐成为高等学校实施民主管理和监督中不可或缺的组成部分。教代会参与治理的必要性体现在三个方面。

其一，实施教代会制度是高校内部管理民主化的指标之一。在党

委领导下的校长负责制下，教师通过教代会制度行使建议权、监督权和决策权，发挥了院校内部权力监督和制衡的作用，是实现院校内部管理民主化的重要手段。同时教代会是实施民主管理的形式，是教师参与院校民主治理的重要途径，是我国社会主义民主政治制度在高等学校的延伸。

其二，教代会具有组织和管理教师的功能。教师群体是高等学校组成人员中除学生群体之外的另一重要群体，对教师群体的组织和管理是高校内部管理的重要内容。对高等职业院校来说，教师是最重要的学术力量，代表着治理的专业化方向，鼓励教师参与治理，不仅是多元利益主体参与治理的理性要求，也是凝聚智慧、发挥治理合力的现实需要。

其三，教代会最基本、最重要的功能就是维护教师的合法权益。在高校内部制度改革的当下，教师这一职业不再是“铁饭碗”，教师与院校之间的劳动关系发生巨大变化，教师与院校的契约关系需要重新审视。院校教代会制度的建立，为维护教师的合法权益提供了制度保障，在院校治理改革中应该进一步得到提倡。

另一方面，对学生而言，作为高等院校组成人员中的大多数，学生是高等院校实践活动的主体，但也是高等院校治理中相对弱势的群体。现代教育提倡以人为本，以学生为本。高等职业院校是实施高等职业教育的主要场所，高等职业院校治理具有教育性，因此，坚持以学生为本，以维护学生的利益为出发点，才是民主治理的题中应有之义。以学生为本体现着治理的人文精神，包含着民主、平等等价值观念，彰显了高等职业院校学校精神文化建设理念。而且，学生是高等职业院校治理的相关利益主体之一，应该赋予学生参与治理的权力，同时，学生是治理的最直接的受益者和接受者，对治理决策和治理过程有最直观的感受和体现，因此，学生参与治理不仅可以对其他权力主体进行监督，也可以对治理过程和结果进行及时的反馈。

从治理全过程来看，重视和发挥学生治理权力是一项持久的工程。除了让学生参与到治理决策中来，以章程赋予其参与治理的绝对话语权之外，高等职业院校还应重视学生会的作用。学生会是以学生为主要组成人员的代表学生权利的组织，积极发挥学生会在学生群体中的权威作用，通过学生会实现学生与院校的协调与沟通，是一种治理的有效途径。另外，在与学生息息相关的课程与教学改革上，高等职业院校应注重对学生治理权力的维护，让高等职业院校真正成为以学生为本的教育园地；在院校治理改革中，应强调对学生切身利益的关注，充分考虑学生的利益诉求，形成治理的民主氛围。

6.2.3 拓宽参与渠道，提倡信息化治理参与

经济全球化的飞速发展使得全球范围内的人与人、人与社会以及不同社会间的联系越来越紧密，跨越时空障碍，实现无地域差别的交流成为可能，不同区域人群的频繁往来加强了全球的信息交换与共享，促使全球经济、社会共处一个信息网络之中。在社会和经济发生深刻变革的当下，信息化浪潮蔓延至职业教育领域，对当前现代职业教育治理体系和治理能力建设产生了不可忽视的影响。故将信息化与职业教育治理联系起来，提倡职业教育的信息化治理就成为职业教育治理现代化的必然选择。

信息化治理是一个全局的概念，是一个国家的所有部门、组织、社区或个人通过信息技术实现的全方位、协作化的治理。随着高新技术的普及，信息技术在社会生活中的运用越来越普遍。近些年来，大数据、智能化的发展，进一步刺激了信息技术在教育领域的运用。对于教育治理来说，尤其是高等职业院校治理，信息化的利用是提升治理效率不可忽视的一种重要手段。信息技术在教育与对外合作中的利用，不仅可以减少治理的成本，还可以促进高等职业院校内外部的资源流动，解决治理中的信息不对称以及沟通不顺畅等问题。需要强调的是，信息化治理不是基于一部分或一个环节的运用，而是应着眼于整体的信息科学的融入；信息化治理亦不仅仅指的是信息技术手段的利用，还应包括信息化的新理念的融入，比如高效的资源利用方式、高产能的技术手段等，将其与教育理念结合起来，运用到治理改革中去，是推进教育现代化十分有意义的尝试。

信息化治理不是单单以政府为主体的治理，而是个人和社会组织

都可以参与的。在信息化治理发展中，个人或组织都应该积极尝试，参与信息化技术的研发、使用和管理。就高等职业院校治理来说，信息化治理是未来高等职业院校发展的方向，在信息化时代，引入信息化治理，能够大大提升高等职业院校治理的水平和效率。据此，开展信息化治理可以从以下几点入手。

一是树立信息化治理理念，培育治理相关者的信息交换与共享的开放意识，建立信息治理的目标与愿景。比如普及有关治理的现代信息化科学知识，沟通信息网络治理的整体效应，建设治理的信息共享条件，等等。

二是将先进的信息技术运用到高等职业院校治理全过程，提升技术创新能力。如通过建立高等职业院校治理的信息数据库，将有关治理的全方位信息汇集到治理系统中，增强治理主体对治理过程的控制力，提升治理的灵活性与拓展性；基于产业发展与市场需要，通过系统性地利用院校积累的信息资源以及技术资源，缩短技术产品的成果转化周期，改进院校的技术创新能力，提高院校人才培养的技能素质，提高院校自身的创新能力。

三是构建公共的信息网络沟通平台。治理是实践的过程，过程的有序决定着治理的整体效果。构建高等职业院校治理的整体网络，促进信息资源的高度共享，就可以从全局把握治理的整体节奏，协调治理过程。比如拓展治理各个环节、各个部门的公用信息沟通渠道，建立各部分与部门之间专用的治理平台，将治理系统协同起来；建立治理的信息发布平台，使治理相关者可以及时了解治理的过程，获知治理发展动态，为信息反馈提供场所；建立协同的办公系统，促进院校内部的通信与信息交流快捷流畅，促进治理团结。

6.3 注重监督评价：多渠道监督治理实效

教育问题的关键在于人才培养质量，质量的保证在于建立和完善科学的监督评价机制。教育部发布的《高等职业院校人才培养工作评估方案》在指标体系框架上相比之前作出了较大的调整和修改，虽然仍是从专业教育的角度审视高等职业教育质量，但更加重视职业性特征指标。下放行政权力、关注依法办学与质量检测是当前教育教学改革的重点。治理是一个过程，高等职业院校办学质量提高要针对不同教育类型，采取多种途径和方法进行质量检测，以科学化的评价体系和多渠道的监督推进高等职业院校教育教学质量改进。

6.3.1 培育第三部门，实施多种形式监督

随着社会的迅速发展和政府职能的转变，我国迫切需要在治理理念下建立和发展高等教育第三部门组织，以推动治理转制。第三部门参与治理监督的核心内容是对高等院校治理全过程进行科学评估。由第三部门监督治理效果、参与治理评估，是高等职业院校质量保障体系建设的重要内容，也是高等职业院校治理现代化发展的重要特征。

培育院校治理的第三部门是由现阶段高等职业院校治理的现代化、科学化发展趋势决定的。第三部门是相对公共部门和私人部门而提出的概念，第三部门是一类非政府、非营利的社会组织，它存在于政府和市场之间，以解决各类公共问题为中心开展工作。第三部门评估是以部门独立具有的一整套科学、完善的高等职业院校质量评估方案为基础的，基于对高等职院校治理理论与规律的专业把握，针对治理的相关课题或实践问题，由行业领域的相关理论与实践专家共同制定有关治理可持续发展的规则与标准，是对包括评估目标、评估内容、评估反馈在内的诸方面进行整体考虑的系统方案设计。

第三部门存在于政府和市场之间，是自主管理的社会组织。其非营利的组织性质决定了它不是任何人谋求私利的机构，也保证了它实施监督与评价的中立性。第三部门的出现改变了政府作为唯一的治理评价主体的格局，其通过授权与分权机制将非政府的、非营利的和民间的自治组织等统筹起来，借鉴其制度安排来考察公共产品和服务，并促使这些社会组织参与到公共事务的管理与建设中来，打开了公共治理的新局面。

近年来，公共领域的治理改革与评价热潮带动了第三部门的发展，

社会公众已经关注到第三部门在治理监督与评价中的重要作用。“尽管合约可以通过企双方的互相监督来执行，但是在许多状况下，由处于中立的第三方进行监督和实施是十分必要的。”①随着教育与行政的民主化发展及经济社会信息化步伐的加快，第三部门参与政府决策越来越频繁。它通过提供政策信息与治理建议，达到维护自身和公众利益的目的。但是，有如下两点需要强调。其一，第三部门是独立制定评估规则与标准的，既排除了行政势力的干扰，又不受制于市场的需求导向。故其评估的过程应是公开、透明的，体现评价的公平与正义。其二，院校治理全过程评估都需要严格按照标准执行，按照专业的评估方案和特定的评估程序来完成，体现评估的规范性。

就评估形式来说，第三部门根据评估内容的不同，可以采取项目评估、绩效评估、组织评估等方式，同时采用专业的评估技术，结合治理实际，作出科学、准确的判断；就评估结果来说，第三部门应通过公开的形式发布评估结果，提出合理的治理建议，并及时反馈给相关部门和人员，相关部门和人员亦应根据反馈结果进行治理规划或方案的沟通与调整，在不断改进治理策略的基础上增强治理的科学性，提升治理的效率与效益。

6.3.2 完善中介组织，关注社会与市场评价

高等教育中介组织是沟通不同社会主体，为他们提供中介服务的非营利性组织，它为个体或社会组织提供关于公共难题的决策和建议，帮助这些主体进行判断与选择。在高等教育民主化与国际化发展的新时期，中介组织的发展不但是高等教育发展的内在需要，也是高等教育发展水平的重要体现。《国家中长期教育改革和发展规划纲要（2010—2020 年）》提出，要完善中介组织的准入、资助、监管和行业自律制度。积极发挥行业协会、专业学会、基金会等各类社会组织在教育公共治理中的作用。当前，作为深化高等教育体制改革的重要内容，培育教育类第三方中介组织，已经成为教育界的共识，教育中介

① 陈国富. 契约的演进与制度变迁[M]. 北京：经济科学出版社，2002.

组织发展迎来了新的历史机遇。

就性质而言，中介组织不是政府的附属机构，而是具有独立性的民间自治组织。高等教育中介组织具有独立性和中介性的特征。一方面，它与政府的关系不是基于行政权威的隶属关系，而是一种合作关系。在高等教育治理中，它以一种自治的主体形态与政府建立平等的合作关系，在专业与组织目标上都具有独立性，不受制于政府。另一方面，高等教育中介组织为高等教育主体提供信息和决策建议，是教育活动与市场、政府等主体之间的沟通桥梁，也是这些主体面对治理难题时可以信赖的沟通平台。独立性和中介性的组织性质使得中介组织在高等教育治理评价中占有一席之地，其提供的信息和决策建议常常成为社会与市场评价的重要参考。以高等教育专业评估组织为例，其成员往往由高校中相关专业的专家、行业企业中的专家与管理者等组成，他们既了解相关专业的学科要求，又熟悉企业对相关人才的规格要求，所以他们提供的服务和建议不仅合理，而且具有很强的实践操作性，由他们来实施高等教育专业评估可以收到教育状况的客观反馈，对高校专业教学质量的评价及提升具有重要意义。

基于此，根据现阶段高等职业院校治理的实际需要，可以尝试建立一批半官方性质的高等教育中介组织，使其承担某些治理任务或职能。为此，可以从以下几点入手：加快有关教育中介组织的制度建设，对高等教育中介组织的性质宗旨、业务范围、组织形式等加以规范约束，营造透明、公平的制度环境，增强中介活动规范性；政府、高校等治理主体主动与中介组织合作，形成高校、政府、中介之间良性互动的教育生态；同时，高等教育中介机构应消除行政化色彩，确立独立法人地位，突出服务职能，依法自主工作，客观公正履责；借鉴高校董事会制度的优点，建立切合自身实际、兼顾民主和效率的管理运行机制，实现内部事务的民主、高效管理；突出机构特色，积极打造中介品牌；除此以外，还可以尝试公司化运作模式，通过组建高素质的专家团队，立足质量建设，通过为公众提供优质服务，逐步树立中介品牌，赢得社会认可。

6.4 本章小结

基于章程的高等职业院校治理需要在制度、体系和监督等方面作出努力，从而促进治理体制、机制创新，改善高等职业院校治理现状，提升治理能力。结合高等职业院校内部治理的发展需求，本章针对相关治理问题，探索了高等职业院校治理改进路径，即以章程为核心不断完善高等职业院校的顶层制度设计、优化治理机制，坚持将制度建设作为高等职业院校治理的核心内容。（见图 6-1）这是教育现代化的重要内容，也是我国高等职业院校可持续发展的要求，是实现依法治校、依法治教的必然趋势。

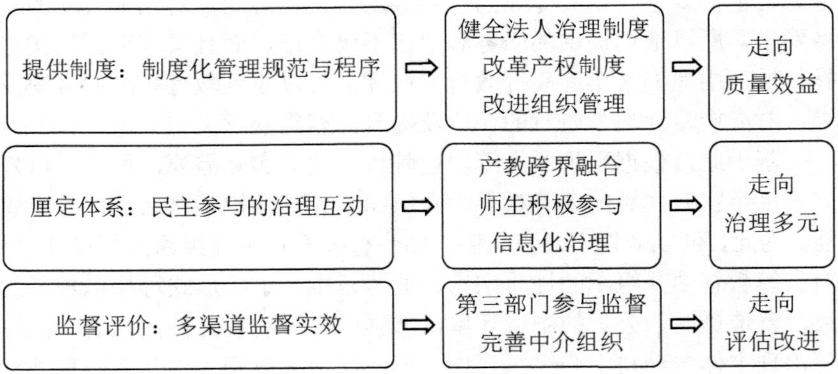

图 6-1　第六章逻辑框架图

第七章　结语

法治体系是现代国家治理体系的基本内容，法治既是善治的基本要素，也是国家治理现代化的题中应有之义。法治是国家治理现代化的要求，也是教育现代化的重要内容。以此为基，本书由政府失灵、市场失灵和院校自治的理论与经验为引导，指明现代高等职业院校治理的理性路径。由于契约与章程有一致性，章程可以看作契约的表征。从契约理论视角看，章程对高等职业院校治理具有规制性。高等职业院校有其治理价值，也有治理矛盾、治理问题，从契约的不完全性来分析高等职业院校治理失序的原因，是本书的研究重点。立足治理实际，分析基于章程的高等职业院校治理运行本质是契约的制度化过程，并据此探索基于章程的高等职业院校治理改进思路，为高等职业院校治理改善治理效果、提升治理能力，并最终走向法治提供参考。

7.1 研究结论

研究结论是对本书形成的理论结果的总结，是对本书产生的学术观点的理性汇总。依据研究的具体内容，立足高等职业院校治理实际，本书形成以下结论。

结论一：政府失灵、市场失灵、院校自治的理论和经验表明，基于章程的职业院校治理是现代职业院校治理的法治归向。

结论二：章程是关系性规则的集合与表征，是高等职业院校承办者和其他利益相关主体基于协商的契约。章程体现治理的关系性规则，基于章程的治理本质是契约治理。高等职业院校章程对治理有规制性，高等职业院校的治理也是高等职业院校章程的实施过程，具体治理措施实践了高等职业院校章程的意旨。

结论三：有序是一种从系统内部建立起来的平衡，基于章程的高等职业院校治理的应然状态是运行有序。而实现治理有序需要系统的整体规划，要从治理的制度建设、体系构建、治理目标、治理过程、治理实施等各方面不断完善与改进，需要高等职业院校利益相关者的共同努力。

结论四：基于章程的高等职业院校治理运行体现了契约的制度化过程，是契约规约的多重均衡，高等职业院校的内部治理本质上是利益相关者参与治理的权力博弈。

结论五：高等职业院校治理应符合现代职业教育的发展规律和时代要求，治理的目标是从制衡到共赢，要从质量效益、多元治理和监督评估三个治理向度探索治理改进的策略。

7.2 研究展望

现代职业院校治理是一项复杂的系统工程，存在诸多值得深入研究的问题，基于此，本书提出未来的研究展望。

展望一：关于高等职业院校治理的评估与评价研究。

从治理体系的完整性来讲，治理的评估与评价应该是治理体系的一部分，且是关乎治理质量改进的关键部分。本书的延伸思路就是，院校治理的评估与评价对基于章程的高等职业院校治理实效起着检验与监督的作用。立足于院校治理的科学性与开放性，笔者尝试提出高等职业院校治理评估与评价的相关问题：其一，在当前教育体制机制改革的背景下，高等职业院校治理评估与评价的标准是什么？如何进行评价？其二，影响高等职业院校治理评估与评价的因素有哪些，分别在什么条件下产生？它们是以什么方式影响着治理的实效的，影响程度如何？其三，作为新时期我国教育评估改革的国家顶层设计，第三方评估是教育领域公共服务体系走向市场化的必然选择。在高等职业院校治理评估中，第三方参与院校治理评估是否具有可行性？在治理创新中，其作用又如何体现？其四，治理不是一个单纯的抽象概念，它可以转化为一系列指标组成的评估体系和分析框架，通过设计指标体系来对治理进行评估，能够突破固有的传统分析框架，增强评价的客观性。那么院校治理评价的指标体系应该包括哪些内容，该如何构建呢？另外，建立科学的评价指标体系需要一系列数据做支撑，那么基于数据的高等职业院校治理评价体系该从何处入手？如何将评价的价值共识纳入治理的评价中？又如何建构基于数据或理论的高等职业院校治理评价模型？在后续的研究中，需要广泛收集有关高等职业院校治理评估与评价的理论与实证资料，尝试运用多元的数据统计方法开展评价分析，为治理策略改进及实效检测提供及时、有力的反馈和支持。

展望二：关于非公办高等职业院校的治理问题研究。

当前的高等职业院校理论与实践研究主要聚焦于公办的高等职业院校治理，而对非公办高等职业院校治理研究相对较少。近年来，教育体制机制改革的推进为非公办高等职业院校发展提供了良好契机。作为职业教育现代化发展的必然产物，非公办高等职业院校是现代职业教育发展的另一支重要力量。2014 年，经济领域的“混合所有制”概念引入职业教育领域，引发研究热潮。混合所有制职业院校是由公办学校吸纳社会资本参与办学而形成的具有多元产权结构的职业院校，它是职业院校适应资本社会化趋势的必然选择，是高等职业院校深化改革、创新体制机制的勇敢尝试和探索。本书将研究对象界定为公办的高等职业院校，尚未深入谈及混合所有制职业院校的相关治理问题。混合所有制职业院校的资本构成由国有资本、集体资本、非公有资本等交叉构成，其治理必然具有复杂性。那么，混合所有制职业院校治理利益主体有哪些？其治理的特殊性体现在哪里？其存在何种治理问题？其产权结构如何安排？如何规范治理？这一系列问题仍有待进一步的深入思索和研究。

附录 1　调研地点说明和调研对象基本情况介绍

一、调研地点说明

为了解高等职业院校治理现状，本书进行了实地调研，对包括 T 市中的 Z 学校和 X 学校、Z 市的 Q 学校和 D 学校（见附录）在内的多所高等职业院校治理现状进行了解。

T 市是我国北方重要的沿海开放城市，地处海河下游，是我国金融和职业教育方面重要的改革示范城市。凭借优质的区域和职业教育资源，T 市成为我国现代职业教育发展比较迅速的地区，在全国职业教育改革发展中起着引领作用，作为全国现代职业教育改革创新示范区，T 市职业教育的发展一直备受瞩目。目前 T 市共有高等职业院校 20 余所，重点建设对接区域产业群的专业群 30 余个，从 21 世纪初“工学并举、产教融合”的职业教育发展模式，到全国职业院校技能大赛的举办，再到职业教育的国际化发展，T 市不断提升职业教育发展的高度。在职业教育快速发展的阶段，T 市立足服务区域发展，着力提升职业教育质量，尝试以“新模式、新机制”完善高等职业院校治理与改革。

Z 市是 H 省的省会城市，地处黄河下游，是我国中原地区中心城市，以物流、金融、信息咨询为代表的现代服务业发展迅速。在大力发展职业教育的国家政策倡议下，Z 市的职业教育有了迅猛发展，特别是近 10 年来，Z 市坚持以经济建设为中心，大力实施“科教兴市”战略，职业教育治理取得了显著成效，为经济发展作出了突出贡献。尤其是近 5 年以来，Z 市职业教育在体制机制改革、经费投入、管理和办学方面有了深入发展。Z 市现有高等职业院校 10 余所，在校生数量不断增长，非学历教育培训机构 600 余家，年培训人数达到了 70 万。同时，初步建立起院校布局合理、专业门类齐全、学历和非学历教育共同发展的职业教育体系。随着现代职业教育的深入，该市不断探索适应本市经济社会发展的现代职业教育模式，职业教育质量不断提高，毕业生受到社会欢迎。

二、调研对象基本情况介绍

Z 学校是 T 市重点建设的一所综合性高等职业院校，设有 10 个学院，50 余个专业，涵盖工、经、管、文等专业，其中酒店管理、眼视光技术、包装结构与模切版设计等 3 个专业获批国家专业教学资源库建设立项。作为 T 市的技能型人才培养基地和国家职业教育师资培养培训基地，其在办学和人才培养上成绩显著，是国家职业教育改革示范校之一。在院校治理过程中，该校重视与企业合作，通过与企业共建专业、共享教学资源、共同开发教材等实践校企协同育人模式。该校依托 T 市区域产业资源优势，紧密围绕产业结构特色，创新产教融合的人才培养模式，建设高素质技术技能型人才培养基地和技术服务平台。

X 学校设有软件技术、计算机应用、电子信息、经济管理等 7 个教学系，以及人文与社科部、基础部、体育部 3 个教学部，开设 43 个专业，包括计算机网络技术、通信技术、应用电子技术等专业（群）在内的 6 个重点建设专业（群）。2012 年，X 学校成为 T 市首批改革试点单位，与普通高校联合培养长学制技术技能型人才。近几年，X 学校以深化院系管理为载体，建立完善的制度体系，保障管理的有序实施，以制度建设来完善、规范内部管理。X 学校通过修订章程，明确其在制度体系中的引领地位，并在 2014 年初启动重新修订各项制度的工作。目前 X 学校制度体系建设已经基本完成，包含 4 个层面 140 项制度。该校建立了法制工作委员会，规范制定制度的程序，抓好制度落实。

Q 学校设有国家职业技能鉴定所，不仅是国家高技能人才培训基地，还是国家紧缺人才数控技术应用培训基地。下设 12 个教学系，开设有汽车运用、数控技术、自动化、焊接技术、电子商务等 49 个专业，其中，机电一体化技术和焊接技术及自动化是该学院重点建设专业。2012 年，Q 学校被确定为 H 省高等职业教育品牌特色院校建设项目单位。在基于章程的治理实践中，Q 学校重视办学特色的培育，其校企合作、工学结合、“教育、科研、生产、经营”四位一体的办学特色得到社会各界的广泛肯定。

D 学校是一所以商科专业为主的高等职业院校，实行经、管、工、文等多科协调发展，强调培养具有实际操作能力且具有良好职业道德的高素质技能型人才。学院开设有财经商贸类、公共管理类、交通运输类、电子信息类等共 54 个专业。在国家高职创新发展的政策倡议下，D 学校坚持质量优先的内涵式发展战略，致力于打造服务 H 省经济社会发展的财经商贸专业（群），立足教学质量和专业内涵建设，积极推进学院治理改革。在此过程中，学院强调突出职业教育特色、强化技能，积极推行多层次的内部制度改革，并引入了 ISO 国际质量管理体系，建立了独具特色的教学质量监控体系，保障人才培养质量的持续提升。

在调研地点和高等职业院校的选择上，本书选择了职业教育发展水平较高和一般的两座城市，并分别选取了高职示范校以及高职非示范校作为调研对象，以更加全面地了解不同地区、不同发展阶段的高等职业院校章程治理现状。

高等职业院校的管理者、行政及教学管理人员、教师和学生是高等职业院校治理的利益相关者，是影响章程的决策、制定、执行、实施的重要人群。由于社会角色、身份和价值取向的不同，不同的人群对高等职业院校章程及治理的认识也不同，在高等职业院校章程建设和院校治理过程中也有着不同的感受和理解。所以，在调研中，笔者分别对高等职业院校的校长、行政及教学管理人员、教师和学生进行访谈，其中包括 D 学校的校长 S、Z 学校的校长 J、X 学校的校办主任 Z 和人事处处长 H、Q 学校的行政老师 M、院级辅导老师 C 等行政及教学管理人员共 64 名，以及 4 所学校的教师和学生共 218 名。由于实际条件的限制，调研采用了个别访谈、群体访谈等方式进行，力图通过对不同个体或群体的访谈调查，真实地呈现不同视角下的高等职业院校章程治理现状。

除此之外，笔者还通过电话、微信和邮件等方式对我国中、东、西部 196 所高等职业院校的管理者、行政及教学管理人员、教师、学生及其他工作人员进行了远程访问，以便更加全面地了解我国高等职业院校章程治理现状。

为获得真实的访谈信息，在尊重被访者的基础上，应被访者的要求，本书已隐去访谈对象的姓名，采用字母代替。

附录 2　“基于章程的高等职业院校治理研究”访谈方案

一、访谈目的

对高等职业院校管理者、行政和教学管理人员、教师及学生若干名进行访谈，了解其对高等职业院校章程治理的认识、态度和期待，获知其所在学校章程治理的现状及存在的问题，尝试了解其在学校章程治理中的现实经验。

二、访谈程序

（一）研究人员自我介绍；

（二）简要说明研究目的及访谈内容；

（三）明确保密要求，征得录音许可；

（四）进入正式访谈。

三、访谈要点

（一）访谈前，研究者首先向受访者简要阐明本书对高等职业院校章程治理的概念界定；

（二）对于没有学术研究背景的受访者，在访谈中尽量使用简洁易懂的词汇描述问题，避免使用学术用语；

（三）访谈时，围绕具体问题，结合实际情况可以适当发起追问或与受访者就问题进行简单讨论；

（四）为防止受访者产生疲劳感而影响访谈质量，应注意尽量将访谈的时间控制在 1 小时以内。

四、具体访谈提纲（仅供访谈时参考）

基于章程的高等职业院校治理现状访谈提纲
（管理者）

您好！我们正在进行一项关于“基于章程的高等职业院校治理现状”的调查，以了解以章程为依据的高等职业院校治理中的实际问题，明确治理方向。您的回答对我们的研究具有重要价值，您回答的内容将被完全保密，请您放心。谢谢您的配合和支持。

本书中，治理指的是高等职业院校通过协调各种关系，规范行为，解决高等职业院校发展问题的过程。请根据您的真实理解和感受作答。

1. 学校是否有章程？作为学校的领导，您怎么看待章程对于学校办学和发展的作用？

2. 您认为学校的章程建设是否能够真正影响学校的办学和发展，从哪些方面影响？

3. 您认为哪些因素会影响一所学校的办学和发展，在这些因素中，您认为最重要的是哪部分？

4. 在学校办学和发展中存在着哪些实际问题，这些问题是否和学校的章程建设有关系，（如果有关系）是什么样的关系？

5. 您认为以章程为载体的制度建设是否能和学校的实际发展真正的联系起来？

6. 在实际工作中，这些制度本身是否存在问题，（如果有问题）存在着哪些问题？

7. 您认为在学校建设中是否存在一些功利化的行为？该怎么克服呢？

8. 您认为怎样能做到依据章程进行治理？从实际出发，您认为应该怎样提升学校治理水平，促进学校的进一步发展？

高等职业院校章程治理现状访谈提纲
（行政和教学管理人员）

您好！我们正在进行一项关于“基于章程的高等职业院校治理现状”的调查，以了解以章程为依据的高等职业院校治理中的实际问题，明确治理方向。您的回答对我们的研究具有重要价值，您回答的内容将被完全保密，请您放心。谢谢您的配合和支持。

本书中，治理指的是高等职业院校通过协调各种关系，规范行为，解决高等职业院校发展问题的过程。请根据您的真实理解和感受作答。

1. 您了解学校的章程吗？是通过什么途径了解的？

2. 您是否了解学校章程制定程序？您怎么看待现在的学校章程内容？

3. 您觉得学校的章程对您平时的工作会有影响吗？在多大程度上会有影响？

4. 您认为学校章程的作用体现在什么方面？您认为学校的章程建设是否能够真正影响学校的办学和发展，从哪些方面影响？

5. 您在工作中遇到过哪些难题？您认为学校的规章制度与您的实际工作联系紧密吗，体现在哪些方面？

6. 您是否提供过对学校的办学和建设的意见和建议？是通过什么途径？

7. 您是否参与过与学校治理相关的决策会议？是否发表过自己的看法？

8. 在实际工作中，您认为学校的制度建设是否存在问题，（如果有问题）是哪些方面的问题？您认为造成这些问题的原因是什么？

9. 您认为学校发展与建设中存在着哪些问题？这些问题会不会影响到您的工作？从实际出发，您有什么意见和建议？

高等职业院校章程治理现状访谈提纲
（教师及学生）

您好！我们正在进行一项关于“基于章程的高等职业院校治理现状”的调查，以了解以章程为依据的高等职业院校治理中的实际问题，明确治理方向。您的回答对我们的研究具有重要价值，您回答的内容将被完全保密，请您放心。谢谢您的配合和支持。

本书中，治理指的是高等职业院校通过协调各种关系，规范行为，解决高等职业院校发展问题的过程。请根据您的真实理解和感受作答。

1. 您了解学校的章程吗？是通过什么途径了解的？

2. 您是否了解学校章程制定程序？您怎么看待现在的学校章程内容？

3. 您认为学校章程是否能够真正发挥实际作用？

4. 学校的章程对您的教学和学习生活是否有影响，（如果有影响）是哪些方面的影响？

5. 您对学校的发展是否关心？您是否提供过对学校的办学和建设的意见和建议？是通过什么途径？

6. 您是否参与过与学校治理相关的决策会议？是否发表过自己的看法？

7. 在实际的教学和学习中，您认为学校的规章制度是否存在问题，（如果有问题）是哪些方面的问题？您认为造成这些问题的原因是什么？

8. 在您的教育教学（或学习）中是否存在困难，您认为产生这些困难的原因是什么？

9. 您认为学校发展与建设中存在着哪些问题？这些问题会不会影响到您的教学和学习？从实际出发，您有什么意见和建议？

参考文献

（一）中文著作

[1]约翰·罗尔斯. 作为公平的正义[M]. 姚大志，译. 上海：上海三联书店，2002.

[2]邹吉忠. 自由与秩序：制度价值研究[M]. 北京：北京师范大学出版社，2003.

[3]约翰·亨利·纽曼. 大学的理想[M]. 徐辉，译. 杭州：浙江教育出版社，2001.

[4]西塞罗. 国家篇·法律篇[M]. 沈叔平，苏力，译. 北京：商务印书馆，1999.

[5]薛天翔. 高等教育管理学[M]. 桂林：广西师范大学出版社，2001.

[6]亚里士多德. 政治学[M]. 吴寿彭，译. 北京：商务印书馆，1997.

[7]爱弥儿·涂尔干. 教育思想的演进[M]. 李康，译. 上海：上海人民出版社，2003.

[8]柏拉图. 理想国[M]. 郭斌和，张竹明，译. 北京：商务印书馆，1997.

[9]高家伟. 教育行政法[M]. 北京：北京大学出版社，2007.

[10]金耀基. 大学之理念[M]. 北京：生活·读书·新知三联书店，2008.

[11]卡尔·雅斯贝尔斯. 大学之理念[M]. 邱立波，译. 上海：上海人民出版社，2007.

[12]约翰·罗尔斯. 正义论[M]. 何怀宏，何包钢，廖申白，译. 北

京：中国社会科学出版社，2010.

[13]约翰·罗尔斯. 政治自由主义[M]. 万俊人，译. 南京：译林出版社，2011.

[14]哈贝马斯. 公共领域的结构转型[M]. 曹卫东，译. 上海：学林出版社，1999.

[15]陈立鹏. 学校章程[M]. 北京：光明日报出版社，2000.

[16]卡尔·雅斯贝尔斯. 什么是教育[M]. 邹进，译. 北京：生活·读书·新知三联书店，1991.

[17]拉伦茨. 德国民法通论[M]. 王晓晔，译. 北京：法律出版社，2003.

[18]劳凯声. 中国教育法制评论[M]. 北京：教育科学出版社，2002.

[19]让·雅各·卢梭. 社会契约论[M]. 钟书峰，译. 北京：法律出版社，2012.

[20]曼瑟尔·奥尔森. 集体行动的逻辑[M]. 陈郁，译. 上海：上海人民出版社 1995.

[21]伯顿·R. 克拉克. 高等教育系统——学术组织的跨国研究[M]. 王承绪，译. 杭州：杭州大学出版社，1994.

[22]亚瑟·科恩. 美国高等教育通史[M]. 北京：北京大学出版社，2010.

[23]全球治理委员会. 我们的全球伙伴关系[R]. 牛津大学出版社，1995.

[24]亚里士多德. 伦理学[M]. 北京：中国人民大学出版社，1994.

[25]尤根·哈贝马斯. 交往行为理论[M]. 重庆：重庆出版社，1994.

[26]霍布斯. 利维坦[M]. 黎思复，黎延弼，译. 北京：商务印书馆，1985.

[27]托马斯·潘恩. 人的权利[M]. 戴炳然，译. 上海：复旦大学出版社，2013.

[28]卡尔•马克思. 资本论（第一卷）[M]. 北京：人民出版社，1975.

[29]杰西•洛佩兹，约翰•斯科特. 社会结构[M]. 允春喜，译. 长春：吉林人民出版社，2007.

[30]科斯. 契约经济学[M]. 李风圣，译. 北京：经济科学出版社，1999.

[31]陈国富. 契约的演进与制度变迁[M]. 北京：经济科学出版社，2002.

[32]奥利弗•E. 威廉姆森. 治理机制[M]. 王健，方世建，译. 北京：中国社会科学出版社，2001.

[33]麦克尼尔. 新社会契约论[M]. 雷喜宁，译. 北京：中国政府大学出版社，1994.

[34]马怀德. 法制现代化与法治政府[M]. 北京：知识产权出版社，2010.

[35]李月军. 法治政府[M]. 北京：中央编译出版社，2013.

[36]陈德顺. 在有限与有为之间[M]. 成都：四川大学出版社，2007.

[37]俞可平. 治理与善治[M]. 北京：社会科学文献出版社，2000.

[38]约翰•L. 坎贝尔. 制度变迁与全球化[M]. 姚伟，译. 上海：上海人民出版社，2010.

[39]詹姆斯•杜德斯达，弗瑞斯. 沃马克. 美国公立大学的未来[M]. 刘济良，译. 土定华，校. 北京：北京大学出版社，2006.

[40]和震. 美国大学自治制度的形成与发展[M]. 北京：北京师范大学出版社，2008.

[41]阿尔巴赫，伯巴尔，冈普奥特. 21 世纪美国高等教育：社会、政治、经济的挑战[M]. 北京：北京师范大学出版社，2005.

[42]奥尔特加•加塞特. 大学的使命[M]. 徐小洲，陈军，译. 杭州：浙江教育出版社，2001.

[43]埃利诺•奥斯特罗姆. 公共事物的治理之道[M]. 余逊达，陈旭东，译. 上海：上海三联书店，2000.

[44]李露. 中国近代教育立法研究[M]. 桂林：广西师范大学出版社，2001.

[45]伯顿·克拉克. 研究生教育的科学研究基础[M]. 王承绪，译. 杭州：浙江教育出版社，2001. 12.

[46]B. 盖伊·彼得斯. 政府未来的治理模式[M]. 吴爱明，夏宏图，译. 北京：中国人民大学出版社，2001.

[47]保罗·纳特，罗伯特·W. 巴可夫. 公共和第三部门组织的战略管理：领导手册[M]. 陈振明，译. 北京：中国人民大学出版社，2001.

[48]蔡国春. 院校研究与现代大学管理：美国院校研究模式研究与借鉴[M]. 北京：教育科学出版社，2006.

[49]陈洪捷. 德国古典大学观及其对中国大学的影响[M]. 北京：北京大学出版社，2006.

[50]褚宏启. 中国教育管理评论（第2卷）[M]. 北京：教育科学出版社，2004.

[51]陈建翔. 天才是一种状态：现代家庭的教育财富[M]. 北京：北京出版社，2002.

[52]乔治·弗雷德里克森. 公共行政的精神[M]. 张成福，译. 北京：中国人民大学出版社，2003.

[53]亚里士多德. 政治学[M]. 吴寿彭，译. 北京：商务印书馆，1965.

[54]汉娜·阿伦特. 人的条件[M]. 竺乾威，译. 上海：上海人民出版社，1999.

[55]戴维·L. 韦默，艾丹·R. 维宁. 政策分析：理论与实践[M]. 戴星翼，董骁，张宏艳，译. 上海：上海译文出版社，2003.

[56]珍妮特·登哈特，罗伯特·登哈特. 新公共服务[M]. 丁煌，译. 北京：中国人民大学出版社，2004.

[57]张彩凤. 英国法治研究[M]. 北京：中国人民公安大学出版社，2001.

[58]胡叔宝. 契约政府的契约规则[M]. 北京：中国社会科学出版

社，2004.

[59]汪中求. 契约精神[M]. 北京：新世界出版社，2009.

[60]皮埃尔·卡蓝默. 破碎的民主：试论治理的革命[M]. 高凌瀚，译. 北京：生活·读书·新知三联书店，2005.

[61]马斯·霍布斯. 利维坦[M]. 黎思复，黎廷弼，译. 北京：商务印书馆，1985.

[62]卢梭. 社会契约论[M]. 何兆武，译，北京：商务印书馆，1980.

[63]柏拉图. 理想国[M]. 郭斌和，张竹明，译. 北京：商务印书馆，1986.

[64]李图强. 现代公共行政中的公民参与[M]. 北京：经济管理出版社，2004.

[65]程斯辉. 新中国著名大学校长 1949—1983[M]. 武汉：湖北人民出版社，2007.

[66]陈振明. 政策科学（第二版）[M]. 北京：中国人民大学出版社，2003.

[67]德里克·博克. 走出象牙塔——现代大学的社会责任[M]. 徐小洲，陈军，译. 杭州：浙江教育出版社，2001.

[68]丹尼尔· 缪勒. 公共选择理论[M]. 北京：中国社会科学出版社，1999.

[69]戴维·奥斯本，等. 摈弃官僚制：政府再造的五项战略[M]. 谭功荣，译. 北京：中国人民大学出版社，2002.

[70]汉娜·阿伦特. 公共领域与私人领域[M]. 刘锋，译. 北京：生活·读书·新知三联书店，1998.

[71]邓小平. 邓小平文选（第 1—3 卷）[M]. 北京：人民出版社，1994.

[72]E. S. 萨瓦斯. 民营化与公私部门伙伴关系[M]. 周志忍，译. 北京：中国人民大学出版社，2002.

[73]冯大鸣. 美、英、澳教育管理前沿图景[M]. 北京：教育科学出版社，2004.

[74]F. J. 古德诺. 政治与行政[M]. 王元，译. 北京：华夏出版

社，1987.

[75]傅斯年. 中国古代思想与学术十论[M]. 南宁：广西师范大学出版社，2006.

[76]国家教育发展研究中心. 2004 年中国教育绿皮书——中国教育政策年度分析报告[M]. 北京：教育科学出版社，2004.

[77]戴维·奥斯本. 政府改革手册：战略与工具[M]. 谭功荣，译. 北京：中国人民大学出版社，2004.

[78]胡国铭. 大学校长与大学发展研究[M]. 武汉：华中科技大学出版社，2004.

[79]尼古拉斯·亨利. 公共行政与公共事务(第八版)[M]. 张昕，张成福，译. 北京：中国人民大学出版社，2002.

[80]卡尔·帕顿，大卫·沙维奇. 政策分析和规划的初步方法[M]. 孙兰英，译. 北京：华夏出版社，2001.

[81]克里斯托弗·波利特，等. 公共管理改革：比较分析[M]. 夏镇平，译. 上海：上海译文出版社，2003.

[82]康永久. 教育制度的生成与变革——新制度教育学论纲要[M]. 北京：教育科学出版社，2003.

[83]罗伯特·B. 登哈特. 公共组织理论[M]. 扶松茂，丁力，译. 北京：中国人民大学出版社，2003.

[84]林崇德. 发展心理学[M]. 杭州：浙江教育出版社，2002.

[85]劳凯声. 中国教育法制评论，第 3 辑[M]. 北京：教育科学出版社，2004.

[86]罗森布鲁姆. 公共行政学：管理、政治和法律的途径[M]. 张成福，译. 北京：中国人民大学出版社，2002.

[87]刘铁芳. 守望教育[M]. 上海：华东师范大学出版社，2004.

[88][英]玛丽·亨克尔，布瑞达·里特. 国家、高等教育与市场[M]. 谷贤林，译. 北京：教育科学出版社，2005.

[89]马陆亭. 高等学校的分层与管理[M]. 广州：广东教育出版社，2004.

[90] 《马列著作选读·科学社会主义》编辑组. 马列著作选读·科

学社会主义[M]. 北京：人民出版社，1988.

[91]曼瑟尔·奥尔森. 集体行动的逻辑[M]. 陈郁，译. 上海：上海三联书店，1995.

[92]马廷奇. 大学转型：以制度建设为中心[M]. 北京：社会科学文献出版社，2007.

[93]欧文·E. 休斯. 公共管理导论[M]. 张成福，马子博，译. 北京：中国人民大学出版社，2001.

[94]秦国柱. 中心城市与大学发展[M]. 北京：中国社会科学出版社，2006.

[95]世界银行. 1997年世界发展报告：变革世界中的政府[M]. 北京：中国财政经济出版社，1997.

[96]伯利，米恩斯. 现代公司与私有财产[M]. 甘华鸣，罗锐韧，蔡如海，译. 北京：商务印书馆，2005.

[97]玛格丽特·M. 布莱尔. 所有权与控制：面向21世纪的公司治理探索[M]. 张荣刚，译. 北京：中国社会科学出版社，1999.

[98]彼得·德鲁克. 组织的管理[M]. 王伯言，沈国华，译. 上海：上海财经大学出版社，2003.

[99]亨利·汉斯曼. 企业所有权论[M]. 于静，译. 北京：中国政法大学出版社，2001.

[100]理查德·雷文. 大学工作[M]. 北京：外文出版社，2004.

[101]伯顿·R. 克拉克. 高等教育系统：学术组织的跨国研究[M]. 王承绪，等，译. 杭州：杭州大学出版社，1994.

[102]伯顿·R. 克拉克. 高等教育新论：多学科的研究[M]. 王承绪，译. 杭州：浙江教育出版社，2001.

[103]理查德·鲁克. 高等教育公司：营利性大学的崛起[M]. 于培文，译. 北京：北京大学出版社，2006.

[104]董圣足. 民办院校良治之道[M]. 北京：教育科学出版社，2010.

[105]刘铁芳. 走在教育的边缘[M]. 上海：华东师范大学出版社，2006.

[106]宋世杰，王瑞. 中国行政法律制度[M]. 长沙：湖南人民出版社，2003.

[107]孙霄兵. 受教育权法理学：一种历史哲学的范式[M]. 北京：教育科学出版社，2003.

[108]檀传宝. 信仰教育与道德教育[M]. 北京：教育科学出版社，1999.

[109]特里·L. 库泊. 行政伦理学：实现行政责任的途径（第四版）[M]. 张秀琴，译. 北京：中国人民大学出版社，2001.

[110]谭跃进. 定量分析方法[M]. 北京：中国人民大学出版社，2006.

[111]文森特·奥斯特罗姆. 美国公共行政思想的危机[M]. 毛寿龙，译. 上海：上海三联书店，1999.

[112]威廉邓恩. 公共政策分析导论[M]. 谢明，译. 北京：中国人民大学出版社，2002.

[113]亚伯拉罕·弗莱克斯纳. 现代大学论——美英德大学研究[M]. 徐辉，译. 杭州：浙江教育出版社，2001.

[114]约翰·E. 丘伯，泰力·M. 默. 政治、市场与学校[M]. 蒋衡，译. 北京：教育科学出版社，2003.

[115]约翰·范德格拉夫等编著. 学术权力——七国高等教育管理体制比较[M]. 王承绪，译. 杭州：浙江教育出版社，2001.

[116]约翰·亨利·纽曼. 大学的理想（节本）[M]. 徐辉，顾建新，何曙荣，译. 杭州：浙江教育出版社，2001.

[117]俞可平. 治理与善治[M]. 北京：社会科学文献出版社，2000.

[118]杨克瑞，王凤娥. 政治权力与大学的发展：国际比较的视角[M]. 北京：中国言实出版社，2007.

[119]杨小微. 全球化进程中的学校变革——一种方法论视角[M]. 上海：华东师范大学出版社，2004.

[120]姚云. 美国教育法治的制度与精神[M]. 北京：教育科学出版社，2007.

[121]袁振国. 中国教育政策评论 2005[M]. 北京：教育科学出版社，2005.

[122]中国教育学会，中国高等教育学会编. 中国教育改革发展二十年[M]. 北京：北京师范大学出版社，1999.

[123]中国教育与人力资源问题报告课题组. 从人口大国迈向人力资源强国[M]. 北京：高等教育出版社，2003.

[124]周光礼. 教育与法律：中国教育关系的变革[M]. 北京：社会科学文献出版社，2005.

[125]张金辉. 大学章程的功能及其实现[M]. 石家庄：河北人民出版社，2013.

[126]陈洪捷. 德国古典大学观及其对中国的影响（修订版）[M]. 北京：北京大学出版社，2006.

[127]詹姆斯 • W. 费斯勒，唐纳德 • F. 凯特尔. 行政过程的政治[M]. 陈振明，朱芳芳，译. 北京：中国人民大学出版社，2002.

[128]张人杰. 2004 中国教育[M]. 广州：广东教育出版社，2005.

[129]钟叔河，朱纯. 过去的大学[M]. 武汉：长江文艺出版社，2005.

[130]张维迎. 大学的逻辑附[M]. 北京：北京大学出版社，2005.

[131]马怀德. 行政法学[M]. 北京：中国政法大学出版社，2007.

[132]米俊魁. 大学章程价值研究[M]. 青岛：中国海洋大学出版社，2006.

[133]吴式颖. 外国教育史教程[M]. 北京：人民教育出版社，1999.

[134]周光礼. 学术自由与社会干预——大学学术自由的制度分析[M]. 武汉：华中科技大学出版社，2003.

[135]孙雪芬，王立强. 现代学校章程建设[M]. 上海：同济大学出版社，2007.

[136]江德兴. 马克思社会化理论与政治权力的演化[M]. 北京：社会科学文献出版社，2005.

[137]毕道村. 现代化本质[M]. 北京：人民出版社，2005.

[138]曾健，张一方. 社会协同学[M]. 北京：科学出版社，2000.

[139]李喜先. 科学系统论（第二版）[M]. 北京：科学出版社，2005.

[140]欧阳光明，郭卫，王青. 遨游系统的海洋——系统方法谈[M]. 上海：上海交通大学出版社，2006.

[141]吴今培. 系统科学发展概论[M]. 北京：清华大学出版社，2010.

[142]苗东升. 系统科学精要[M]. 北京：中国人民大学出版社，2006.

[143]冯·哈耶克. 自由秩序原理（上）[M]. 邓正来，译. 北京：生活·读书·新知三联书店，1997.

[144]埃米尔·涂尔干. 社会分工论[M]. 渠东，译. 北京：生活·读书·新知三联书店，2000.

[145]侯红霞. 亚当·斯密的美德理论[M]. 上海：上海三联书店，2013.

[146]辜鸿铭. 中国人的精神[M]. 李晨曦，译. 上海：上海三联书店，2010.

[147]王晓升. 哈贝马斯的现代性社会理论[M]. 北京：社会科学文献出版社，2006.

[148]康晓光. 权力的转移——转型时期中国权力格局的变迁[M]. 杭州：浙江人民出版，1999.

[149]约翰·S. 布鲁贝克著. 高等教育哲学[M]. 王承绪，译. 杭州：浙江教育出版社，2002.

[150]周光礼. 法律制度与高等教育[M]. 武汉：华中科技大学出版社，2005.

[151]朱玉苗. 大学法论纲[M]. 北京：中国政法大学出版社，2012.

[152]湛中乐. 大学章程精选[M]. 北京：中国法制出版社，2010.

[153]米俊魁. 大学章程价值研究[M]. 青岛：中国海洋大学出版社，2006.

[154]王国文. 学校章程的法律分析[M]. 北京：教育科学出版社，2003.

[155]申素平. 教育法学——原理、规范与应用[M]. 北京：教育科学出版社，2009.

[156]睦依凡. 大学的使命与责任[M]. 北京：教育科学出版社，2007.

[157]黄福涛. 欧洲高等教育近代化——法、英、德近代高等教育制度的形成[M]. 厦门：厦门大学出版社，1998.

[158]黄福涛. 外国高等教育史（第 2 版）[M]. 上海：上海教育出版社，2008.

[159]和震. 美国大学自治制度的形成与发展[M]. 北京：北京师范大学出版社，2008.

[160]周光礼，学术自由与社会干预——大学学术自由的制度分析[M]. 武汉：华中科技大学出版社，2003.

（二）中文期刊

[1]埃瑞·维戈达，孙晓莉. 从回应到协作：治理、公民与未来的公共行政[J]. 孙晓莉，译，国家行政学院学报，2003（05）：91—96.

[2]潘愈元. 公平与效率：高等教育决策的依据[J]. 北京大学教育评论，2003（1）：54—57.

[3]陈听. 从汨罗素质教育学什么——基于教育行政伦理的视角[J]. 中国教育学刊，2007（08）：8—12.

[4]胡莉芳. 大学章程制定的核心问题及原则探究[J]. 中国高教研究，2007（10）：32—34.

[5]李红伟，石卫林. 大学章程关于学术权力制约机制的规定——基于“美”“英”“德”三国大学章程的文本比较[J]. 高等教育研究 2013，34（07）：35—38，82.

[6]李昕欣，张德祥. 关于高等学校章程制定与实施的几个问题[J]. 高等教育研究，2006（09）：48—52.

[7]李强. 我国大学章程的历程与现状[J]. 国家教育行政学院学

报，2012（02）：34—38.

[8]陆一，熊庆年. 大学章程文本的构成一美日比较的视角[J]. 复旦教育论坛，2012，10（03）：27—32.

[9]林晖. 理想与权宜之间：大学章程中的大学理念[J]. 复旦教育论坛，2012，10（05）：13—16.

[10]刘香菊，周光礼. 大学章程的法律透视[J]. 高教探索，2004（03）：39—41.

[11]马陆亭. 大学章程地位与要素的国际比较[J]. 教育研究，2009，30（06）：69—76.

[12]牛维麟. 现代大学章程与大学管理[J]. 中国高等教育，2007（01）：13—14.

[13]孙贵聪. 英国大学特许状及其治理意义[J]. 比较教育研究，2006（01）：12—16.

[14]史大晓. 大学章程的想象——一个法律史的、多元的视角[J]. 复旦教育论坛，2013，11（01）：40—44.

[15]陈昕. 大学超越的来源与性格[J]. 高等教育研究，2007（11）：19—21，16.

[16]杨晓波. 中国公立大学章程的制定主体资格研究[J]，高教探索，2007（04）：59—62.

[17]于丽娟. 国外大学章程文本探析一以英国牛津大学和美国康奈尔大学为主例[J]. 高教探索，2009（01）：76—79.

[18]于丽娟，张卫良. 我国大学章程的现状及建设[J]. 江苏高教，2005（06）：18—20.

[19]张苏彤. 大学章程的国际比较：来自中美两国六校的样本[J]. 中国高教研究，2010（10）：54—59.

[20]张文显，周其凤. 大学章程：现代大学制度的载体[J]. 中国高等教育，2006（20）：7—10.

[21]孙贵聪. 英国大学特许状及其治理意义[J]. 比较教育研究，2006（01）：12—16.

[22]朱全宝. 大学章程的冷思考——兼谈大学法的制定[J]. 复旦

教育论坛，2013，11（01）：45—49.

[23]周鲁卫. 大学宪章，凝固的教育理念[J]. 复旦教育论坛，2005（01）：9—10.

[24]潘懋元. 世纪之交中国高等教育办学模式的变化与走向[J]. 教育研究. 2001（03）：3—7.

[25]王春业. 论我国公立大学章程的法律效力及其实现路径[J]. 清华大学教育研究，2014，35（04）：16—26.

[26]胡卫，朱利霞. 转型期中国高等教育重构的战略选择[J]. 国家教育行政学院学报，2005（09）：72—79.

[27]亨利·汉斯曼，黄丽. 高等教育中国家与市场的关系[J]. 北京大学教育评论，2005（03）：32—40.

[28]海因兹—戴特·迈尔，侯龙龙. 高等教育制度变迁中的制度创立者、机遇和预见[J]. 北京大学教育评论，2006（01）：158—172.

[29]Jef C. Verhoeven，郭歆. 从欧洲的三个国家看大学与政府关系的变化[J]. 清华大学教育研究，2003（05）：1—8.

[30]蒋洪池，李绍芳. 当今美国大学治理的困境及其启示[J]. 高教探索，2005（05）：15—18.

[31]焦笑南. 美国、英国、澳大利亚的大学治理及对我们的启示[J]. 中国高校研究，2005（01）：52—54.

[32]刘凡丰. 耶鲁大学治理结构的剖析[J]. 高教探索，2005(01)：27—29.

[33]金建陵. 国外制订学校章程的实践经验和法律规定[J]. 教学与管理，2001（13）：77—78.

[34]张文显，周其凤. 大学章程：现代大学制度的载体[J]. 中国高等教育，2006（20）：7—10.

[35]陆根书，陈丽，席酉民，梁磊，李怀祖， 等. 美国研究型大学开展社会捐赠的实践及其启示[J]. 高等教育研究，2006（12）：94—100.

[36]赖明谷，柳和生. 大学治理：从制度维度到文化维度[J]. 现代大学教育，2005（05）：90—93.

[37]刘铁芳. 当代教育的形上关怀[J]. 高等教育研究，2007(04)：1—5.

[38]刘献君. 论高校战略管理[J]. 高等教育研究，2006（02）：1—7.

[39]雷晓云，文辅相，张应强. 中国高等教育制度变迁及其文化透视[J]. 高等教育研究，2006（01）：93.

[40]马陆亭. 教育投入政策的国际比较与我国改革重点[J]. 国家教育行政学院学报，2006（12）：44—55.

[41]潘悉元，邹大光. 中国高等教育办学模式的变化与走向分析[J]. 教育科学研究，2001（01）：16—20.

[42]曲恒昌. 当今世界教育私营化特点探析[J]. 比较教育研究，2001（01）：41—47.

[43]钱民辉. 当代教育社会学研究的核心主题及理论建构[J]. 北京大学教育评论，2006（01）：65—77.

[44]孙贵聪. 英国大学特许状及其治理意义[J]. 比较教育研究，2006（01）：12—16.

[45]孙俊三. 教育研究的境界——论教育学的学术品格与学术精神的追求[J]. 教育研究，2005（11）：11—17.

[46]石鸥. 教育创新呼唤什么[J]. 教师教育研究，2004（02）：1—5.

[47]石鸥. 大可能强但不一定强——关于大学合并扩张的几点认识[J]. 教师教育研究，2006（05）：1—6.

[48]汤尧. 大学治理内部控制架构之实务研究[J]. 复旦教育论坛，2006（01）：51—57.

[49]徐同文. 资源困惑中的地方大学管理与经营——以临沂师范学院为例[J]. 国家教育行政学院学报，2006（12）：3—8.

[50]叶军. 我国民办高等教育发展现状与分析[J]. 教育发展研究，2003（06）：64—66.

[51]杨炜长. 完善民办高校法人治理结构的现实思考[J]. 高等教育研究，2005（08）：51—56.

[52]余雅风. 教育立法必须以教育的公共性为价值基础[J]，北京师范大学学报（社会科学版），2005（01）：30—39.

[53]张传燧，赵荷花. 教育到底应如何面对生活[J]. 教育研究，2007（08）：47—52.

[54]周光礼. 私立学校与举办者产权关系的国际经验与中国探索[J]，高校教育管理，2007（02）：27—34.

[55]赵炬明. 中国大学与院校研究[J]. 高等教育研究，2005（08）：1—14.

[56]周满生. 独立学院产生的背景、发展与政策调控[J]. 国家教育行政学院学报，2006（07）：3—7.

[57]张应强，高桂娟. 论现代大学制度建设的文化取向[J]. 高等教育研究，2002（06）：28—33.

[58]赵成，陈通. 治理视角下的大学制度研究[J]. 高等教育研究，2005（08）：18—22.

[59]张传隧. 教育的主体与主体性教育散论[J]. 教师教育研究，2004（03）：46—50.

[60]郭卉. 反思与建构：我国大学治理研究评析[J]. 现代大学教育，2006（03）：29—33.

[61]荀渊. 治理的缘起与大学治理的历史逻辑[J]. 全球教育展望，2014（05）：97—106.

[62]余承海，程晋宽. 当代美国大学共同治理的困境、变革及其启示[J]. 高等教育研究，2014，35（05）：92—96.

[63]赵炬明. 现代大学与院校研究（下）——美国院校研究发展述评[J]. 高等教育研究，2003（04）：59—67.

[64]王洪才. 转型中的中国高等教育质量危机与治理对策[J]. 清华大学教育研究，2005（03）：60—66.

[65]席酉民，李怀祖，郭菊娥. 我国大学治理面临的问题及改善思路[J]. 西安交通大学学报（社会科学版），2005（01）：78—83.

[66]韩春晖，常森，卢霞飞. 大学章程：我国大学治理模式变革的呼唤[J]. 中国高等教育，2011（09）：21—23.

[67]李福华. 大学治理与大学管理：概念辨析与边界确定[J]. 北京师范大学学报（社会科学版），2008（04）：19—25.

[68]代林利. 牛津大学治理结构的形成与演变[J]. 现代大学教育，2007（04）：35—40.

[69]徐春霞. 英国高等教育治理范式变革的诠释[J]. 比较教育研究，2010（08）：30—34，50.

[70]于杨. 大学治理结构与教育质量保障机制关系探析[J]. 江苏高教，2012（01）：76—78.

[71]赵炬明. 现代大学与院校研究（上）——美国院校研究发展述评[J]. 高等教育研究，2003（03）：35—45.

[72]张楚廷. 学术自由的自我丢失[J]. 高等教育研究，2005（01）：1—5.

[73]丁笑梅，关涛. 校长与董事会：美国大学治理结构中的核心关系研究[J]. 教育科学，2012（06）：76—81.

[73]易红. 以章程制定促进现代大学制度建设[J]. 中国高等教育，2013（18）：13—15.

[74]杨庆. 论我国大学章程建设的工具理性与价值理性[J]. 江苏高教，2014（01）：66—67.

[75]冯婕，曾开富，白维，陈丽萍. 提高学术治理能力推进跨学科协同创新[J]. 中国高等教育，2014（07）：59—61.

[76]王晓辉. 法国大学治理模式探析[J]. 比较教育研究，2014（07）：6—11.

[77]赖明谷，柳和生. 大学治理：从制度维度到文化维度[J]. 现代大学教育，2005（05）：90—93.

[78]单强. 高等职业院校的治理：股东会、董事会与校长——以苏州工业园区职业技术学院为个案[J]. 高等教育管理，2012（04）：31－37.

[79]王洪才. 论大学内部治理模式与中位原则[J]. 江苏高教，2008（01）：5—8.

[80]张楚廷. 哲学对于大学意味着什么[J]. 高等教育研究，2006

（02）：8—13.

[81]米格尔·安吉尔·埃斯科特，汪利兵，温从雷. 大学治理：责任与财政[J]. 教育研究，2008（08）：41—49.

[82]龙献忠，刘鸿翔. 论高等教育发展的治理模式[J]. 高等教育研究，2007（02）：49—54.

[83]龙献忠，胡颖. 论高等教育多中心治理视野下的政府责任[J]. 现代大学教育，2007（01）：35—38.

[84]姜国平. 论公立大学章程的行政契约性质[J]. 江苏高教，2014（04）：49—52.

[85]贾玉明. 大学章程要体现多元利益主体诉求[J]. 教育研究，2013（09）：52—54.

[86]康翠萍，刘振旭. 大学章程制定需要理清几对矛盾关系[J]. 教育研究，2013（09）：54—56.

[87]张楚廷. 素质教育是特别关注主客体融合的教育[J]. 中国教育学刊，2007（08）：1—4.

[88]金一超. 从审核到立法：论大学章程的生效程序[J]. 中国高教研究，2011（06）：41—43.

[89]金丹，李广海. 大学章程制定应有理论、政策和实践依据[J]. 教育研究，2013（09）：56—57，77.

[90]董圣足. 民办高校法人治理结构构建与思考——基于上海建桥学院的个案分析[J]. 教育发展研究，2006（22）：64—69.

[91]田恩舜. 从一元控制到多元治理：世界高等教育质量保证发展趋势探析[J]. 学位与研究生教育，2006（12）：52—57.

[92]龙献忠，朱咏北. 政府公共权力重构与高等教育治理[J]. 高等教育研究，2005（11）：38—42.

[93]胡仁东. 现代大学内部治理结构探析——基于影响力的视角[J]. 现代大学教育，2005（02）：59—63.

[94]龙献忠. 论高等教育治理视野下的政府角色转变[J]. 现代大学教育，2004（01）：74—77.

[95]彭阳红. “教授治校”与“教授治学”之辨——论中国大学

内部治理结构变革的路径选择[J]. 清华大学教育研究，2012（06）：106—110.

[96]张伟. 美国大学募款制度及其对大学治理结构的建构[J]. 高等教育研究，2012（12）：96—103.

[97]周黎安，柯荣住. 从大学理念与治理看北大改革[J]. 学术界，2003（05）：89—99.

[98]陈雨露. 建设回归本位的大学章程完善中国特色现代大学制度[J]. 中国高等教育，2014（Z1）：26—28.

[99]杨军，焦志勇. 我国公立大学章程制定中存在的问题及对策[J]. 中国高等教育，2008（19）：50—52.

[100]余小波，陆启越，周巍. 社会评价介入大学治理：价值、路径及条件[J]. 大学教育科学，2015（04）：23—27.

[101]马廷奇. 省级统筹与高等教育治理体系建设[J]. 国家教育行政学院学报，2015（08）：3—8.

[102]罗红艳. 教授治学：大学治理的历史选择[J]. 国家教育行政学院学报，2015（08）：24—29.

[103]张旦生，张振改. 政策工具视角下师德分层治理的路径探索[J]. 教育科学研究，2015（08）：26—29.

[104]贾玉明. 大学内部治理实现路径探析[J]. 教育科学，2015（04）：75—78.

[105]张瑞平. 完善我国大学内部治理的思考[J]. 教育评论，2015（08）：11—13.

[106]李景平，程燕子. 大学内部治理的困境与出路——基于七所“985 工程”高校章程文本分析[J]. 现代教育管理，2015（08）：1—7.

[107]焦志勇，刘润仙. 论我国公立大学章程的基本框架[J]. 中国高等教育，2010（24）：44—46.

[108]姚叶. 国外大学章程理念的公共治理取向[J]. 高教探索，2011（05）：48—51.

[109]朱家德，周光礼. 权力的规制：大学章程的历史流变与当代形态[J]. 高等教育研究，2012（06）：109.

[110]焦志勇．“深圳模式”：对于我国公立大学章程建设的影响[J]．首都师范大学学报（社会科学版），2012（04）：52—55.

[111]陆卓谟．我国大学章程相关问题探讨[J]．江苏高教，2012（05）：59—60.

[112]顾永安．新建本科院校制定高校章程的探索与思考[J]．高等教育研究，2009（10）：36—40.

[113]彭龙．以章程制定为契机依法推进学校综合改革[J]．中国高等教育，2014（Z3）：8—10.

[114]罗志敏．我国大学治理的制度供给逻辑[J]．教育发展研究，2014（05）：1—7.

[115]张楚廷．试论教育公理[J]．高等教育研究，2006（05）：1—6.

[116]陈梦迁，黄明东．治理框架下现代大学制度决策的逻辑与模式建构[J]．现代大学教育，2013（04）：21—28.

[117]周光礼．完善高教治理结构加快现代大学制度建设[J]．中国高等教育，2009（Z3）：15—17.

[118]苏君阳．论大学治理权力结构的基本类型[J]．江苏高教，2007（04）：1—3.

[119]胡四能．民办高校建立共同治理结构模式研究[J]．江苏高教，2007（04）：42—44.

[120]郭卉．美国大学“联合治理”制度的历史发展及其价值意蕴[J]．高教探索，2006（02）：36—39.

[121]龙献忠．高等教育的多中心治理：内涵、必要性与意义[J]．江苏高教，2006（06）：19—21.

[122]石连海．国外大学章程执行力的模式、运行机制与启示[J]．教育研究，2014（01）：132—137.

[123]别敦荣．论我国大学章程的属性[J]．高等教育研究，2014（02）：19—26.

[124]侯佳，司晓宏．斯坦福大学章程的特征及其启示[J]．高等教育研究，2014（02）：84—89.

[125]史秋衡，李玲玲. 大学章程的使命在于提高内生发展质量[J]. 教育研究，2014（07）：22—27.

[126]王春业. 论我国公立大学章程的法律效力及其实现路径[J]. 清华大学教育研究，2014（04）：16—26.

[127]马陆亭. 大学章程地位与要素的国际比较[J]. 教育研究，2009（06）：69—76.

[128]曾长隽，胡劲松. 论大学章程制定主体[J]. 教育发展研究，2011（11）：58—62.

[129]湛中乐. 现代大学治理与大学章程[J]. 中国高等教育，2011（09）：18—20.

[130]李昕欣，张德祥. 关于高等学校章程制定与实施的几个问题[J]. 高等教育研究，2006（09）：48—52.

[131]张文显，周其凤. 大学章程：现代大学制度的载体[J]. 中国高等教育，2006（20）：7—10.

[132]孙霄兵. 推进高校章程建设完善中国特色现代大学制度[J]. 中国高等教育，2012（05）：7—10.

[133]陈德喜. 妥善处理大学章程建设中内部权力配置的三对关系[J]. 中国高等教育，2012（24）：20—22.

[134]蒋洪池，李绍芳. 当今美国大学治理的困境及其启示[J]. 高教探索，2005（05）：15—18.

[135]秦惠民. 有关大学章程认识的若干问题[J]. 教育研究，2013（02）：85—91.

[136]李红伟，石卫林. 大学章程关于学术权力制约机制的规定——基于美、英、德三国大学章程的文本比较[J]. 高等教育研究，2013（07）：35—38，82.

[137]林群. 大学章程应有效推动高校内部治理结构调整[J]. 教育研究，2013（09）：50—52.

[138]陈立鹏，张建新，陶智. 国外大学章程对我国大学章程建设的启示[J]. 中国高等教育，2007（10）：61—63.

[139]焦志勇. 章程建设：深化高等教育综合改革的“助推器”[J].

中国高等教育，2013（24）：11—12+22.

[140]别敦荣. 制定大学章程的策略探析[J]. 现代大学教育，2014（02）：65—72，113.

[141]苗耀祥，魏航. 基于大学章程建设的若干问题思考[J]. 东北师大学报（哲学社会科学版），2014（01）：238—240.

[142]湛中乐，赵玄. 中国大学章程内容的缘法与求新[J]. 陕西师范大学学报（哲学社会科学版），2014（02）：33—41.

[143]张清杰. 大学章程建设之探索[J]. 中国高等教育，2014（06）：52—54.

[144]孙霄兵. 章程是建设中国特色现代大学制度的基础和关键[J]. 中国高等教育，2014（Z1）：23—25.

[145]陈理. 抓住内部设计核心推进大学章程建设[J]. 中国高等教育，2014（01）：10—13.

[146]闫立. 大学章程是高校治理的总章程[J]. 教育发展研究，2014，34（09）：3.

[147]于博. 关于当前大学章程制定工作的几点思考[J]. 江苏高教，2013（05）：40—42.

[148]方文晖，朱庆葆. 我国大学章程制定路径研究[J]. 高等教育研究，2013（10）：21.

[149]耿建. 中国高等教育公共治理的模式选择——兼论高校管理体制改革的方向及途径[J]. 江苏高教，2005（03）：30—32， 36.

[150]苗庆红. 公司治理结构在我国民办高校管理中的应用[J]. 经济经纬，2004（06）：139—142.

[151]张德高，浦玉忠. 探索三级运行机制完善高校内部治理结构[J]. 中国高等教育，2014（09）：52—54.

[152]黄晓玫. 加强大学章程建设发挥制度杠杆效应[J]. 中国高等教育，2014（Z1）：29—31.

[153]甘永涛. 美国大学共同治理制度的演进[J]. 清华大学教育研究，2009（03）：25—30.

[154]张建初. 现代大学制度下的大学治理结构[J]. 教育评论，

2009（05）：20—22.

[155]马陆亭．现代大学制度建设重在完善治理结构[J]．中国高等教育，2012（24）：16—19.

[156]龙献忠，刘鸿翔．论高等教育发展的治理模式[J]．高等教育研究，2007（02）：49—54.

[157]彭红玉．我国高等教育治理结构的反思——结构功能主义的视角[J]．高教探索，2007（06）：5—8.

[158]陈鹏，刘献君．我国公立高等学校法人治理结构的缺陷与完善[J]．教育研究，2006（12）：45—50.

[159]盛冰．高等教育的治理：重构政府、高校、社会之间的关系[J]．高等教育研究，2003（02）：47—51.

[160]熊庆年，代林利．大学治理结构的历史演进与文化变异[J]．高教探索，2006（01）：40—43.

[161]徐明稚，方建安，王永林．以章程建设坚持特色规范办学[J]．中国高等教育，2014（07）：50—51.

[162]柯文进，刘业进．大学章程起源与演进的考察[J]．清华大学教育研究，2012（05）：74—81.

[163]林群．大学章程应有效推动高校内部治理结构调整[J]．教育研究，2013（09）：50—52.

[164]司晓宏．关于推进现阶段我国大学章程建设的思考[J]．教育研究，2014，35（11）：84—87，138.

[165]王义宁．民办高校与公办高校法人治理结构的比较[J]．高教探索，2014（01）：53—57.

[166]唐汉琦．大学治理结构下学术自治与科层制的矛盾冲突及其消解[J]．现代大学教育，2014（02）：73—76，84.

[167]张斌．多重制度逻辑下的校企合作治理问题研究[J]．教育发展研究，2014（19）：44—50.

[168]王陆庄，周虹．高校治理模式分析[J]．教育发展研究，2008（17）：77—80.

[169]王纪安．试论高等职业院校的章程建设与内部治理[J]．黑

龙江高教研究，2011（02）：62—64.

[170]曹雪明. 关于高等职业院校治理结构的思考[J]. 中国职业技术教育，2013（16）：88—90，96.

[171]白维. 完善职业院校治理结构提升治理能力[J]. 中国职业技术教育，2014（21）：163—165.

[172]宣勇，郑莉. 大学校长遴选与高等教育治理能力的现代化[J]. 中国高教研究，2015（08）：23—26，44.

[173]黄兢. 我国地方大学治理的特征、模式与道路[J]. 中国高教研究，2015（08）：98—101.

[174]杨德广，张兴. 关于高等教育公平与效率的思考[J]. 北京大学教育评论，2003（01）：64—69.

[175]胡赤弟. 公立高校民营化与产权多元化、分散化[J]. 高等教育研究，2004（01）：65—68.

[176]胡仁东. 现代大学内部治理结构探析——基于影响力的视角[J]. 现代大学教育，2005（02）：59—63.

[177]米俊魁. 大学章程法律性质探析[J]. 现代大学教育，2006（01）：52—55.

[178]湛中乐，谢坷堵. 大学章程制定主体及其相关问题探讨[J]. 高校教育管理，2011，5（06）：1—7，26.

[179]E. G. 博格，赵炬明. 追寻美国高等教育之魂[J]. 复旦教育论坛，2004（01）：69—71.

（三）外文文献

[1]Education Contracts Under Johnson-O'Malley Act[J]. The Federal Register / FIND, 2020, 85(037).

[2]Hans Lind, Johan Nyström. The Explanation of Incomplete Contracts in Mainstream Contract Theory: A Critique of the Distinction between "Observable" and "Verifiable"[J]. Evolutionary and Institutional Economics Review, 2011, 7 (2).

[3]Josetta McLaughlin, Jacqueline McLaughlin, Raed Elaydi. Ian

Macneil and relational contract theory: evidence of impact[J]. Journal of Management History, 2014, 20 (1).

[4]Christopher C. Rosen, Chu-Hsiang Chang, Russell E. Johnson, Paul E. Levy. Perceptions of the organizational context and psychological contract breach: Assessing competing perspectives[J]. Organizational Behavior and Human Decision Processes, 2008, 108 (2).

[5]Peter Benson. The Expectation and Reliance Interests in Contract Theory: A Reply to Fuller and Perdue[J]. Issues in Legal Scholarship, 2011, 1 (1).

[6]Richard S. Masella. Postgraduate contract education: Marketplace meets academy[J]. American Journal of Orthodontics & Dentofacial Orthopedics, 2004, 128 (1).

[7]Kirsten Foss, Nicolai J. Foss. Theoretical isolation in contract theory:suppressing margins and entrepreneurship[J]. Journal of Economic Methodology, 2000, 7 (3).

[8]Luo Liang-zhong, Shi Zhan-zhong. Diversification or splitting-an explanation based on Contract Theory[J]. Journal of Zhejiang University Science A, 2005, 6 (4).

[9]Hanoch Dagan. Restitutionary Damages for Breach of Contract: An Exercise in Private Law Theory[J]. Theoretical Inquiries in Law, 2011, 1 (1).

[10]Johannes L. van der Walt. The search for a moral compass and a new social contract in the context of citizenship education[J]. HTS Teologiese Studies / Theological Studies, 2019, 75(4).

[11]Strauser, David R, Strohmer, Douglas C, Parent-Johnson, Wendy. Academic Freedom: A Contractual Relationship Guiding Rehabilitation Counseling[J]. Journal of Rehabilitation, 2015, 81 (4).

[12]Natalie Koch. We Entrepreneurial Academics: Governing Globalized Higher Education in “Illiberal” States[J]. Territory, Politics, Governance, 2016, 4 (4).

[13]Douglas Blackmur. Does the Emperor Have the Right (or Any) Clothes? The Public Regulation of Higher Education Qualities over the Last Two Decades[J]. Quality in Higher Education, 2010, 16 (1).

[14]Aleksandr LEVCHENKO, Haydura Hany MOHAMMAD. Modern trends in economic regulation of the innovative development of the higher education system[J]. Public Administration, 2015, 4 (88).

[15]Tienda Marta. Thirteenth Annual Brown Lecture in Education Research: Public Education and the Social Contract: Restoring the Promise in an Age of Diversity and Division[J]. Educational researcher (Washington, D. C.: 1972), 2017, 46 (6).

[16]E V Cheremisina. The promlems of state regulation of higher education institutions' activity[J]. Vestnik Rossijskogo Universiteta Družby Narodov: Seriâ Sociologiâ, 2009 (3).

[17]Woodhouse, D., Stella, A. Regulation and Quality assurance of higher education institutions in Australia[P]. Institutional and Programme Accreditation (IWIPA), 2011 International Workshop on, 2011.

[18]Fleur Edwards. The evidence for a risk-based approach to Australian higher education regulation and quality assurance[J]. Journal of Higher Education Policy and Management, 2012, 34 (3).

[19]Julio Cesar G. Bertolin. Os quase-mercados na educação superior: dos improváveis mercados perfeitamente competitivos à imprescindível regulação do Estado The quasi-markets in higher education: from the improbable perfectly competitive markets to the unavoidable State regulation[J]. Educação e Pesquisa, 2011, 37 (2).

[20]Paulo Charles Pimentel Bótas, Jeroen Huisman. (De) constructing power in higher education governance structures: an analysis of representation and roles in governing bodies[J]. European Journal of Higher Education, 2012, 2 (4).

[21]Kneafsey Rosie, Baker Colin, Robinson Janet. Ten years on from the 1992 "Manual handling operations regulations": a perspective

from higher education in the UK[J]. Nurse Education in Practice, 2008, 3 (3).

[22] James S. Taylor, Maria de Lourdes Machado. Governing Boards in Public Higher Education Institutions: A perspective from the United States[J]. Tertiary Education and Management, 2008, 14 (3).

[23] Ingvild Marheim Larsen. The role of the governing board in higher education institutions[J]. Tertiary Education and Management, 2001, 7 (4).

[24] William G. Tierney. Travels in Academe, Shakespeare, Einstein and the Bottom Line: The Marketing of Higher Education, Governing Academia: Who is in Charge at the Modern University[J]. The Journal of Higher Education, 2005, 76 (3).

[25] Adrianna Kezar. Rethinking Public Higher Education Governing Boards Performance: Results of a National Study of Governing Boards in the United States[J]. The Journal of Higher Education, 2006, 77 (6).

[26] Stijn Kelchtermans, Frank Verboven. Regulation of Program Supply in Higher Education: Lessons from a Funding System Reform in Flanders[J]. CESifo Economic Studies, 2008, 54 (2).

[27] Stela M. Meneghel, Fabiane Robl, Tattiana T. Freitas da Silva. A relação entre avaliação e regulação na educação superior: elementos para o debate The relationship between evaluation and regulation in higher education: keys for the debate[J]. Educar em Revista, 2006 (28).

[28] Alfredo Macedo Gomes. Exame nacional de cursos e política de regulação estatal do ensino superior The national examination of courses and the state regulation policy in Brazilian higher education[J]. Cadernos de Pesquisa, 2003 (120).

[29] Mark C. Berger, Thomas Kostal. Financial resources, regulation, and enrollment in US public higher education[J]. Economics of Education Review, 2002, 21 (2).

[30] Sanghoon Park, Howard Kaplan, Rudy Schlaf. Interdisciplinary

flipped learning for engineering classrooms in higher education: Students' motivational regulation and design achievement[J]. Computer Applications in Engineering Education, 2018, 26 (3).

[31]Lin LI. Study on the Construction Mechanism of the Framework System of University Articles of Association[P]. 2nd International Conference on Education, Management and Applied Social Science (EMASS 2018), 2018.

[32]Science; New Social Science Study Findings Reported from George Mason University (A Different Kind of Discipline: Social Reproduction and the Transmission of Non-cognitive Skills at an Urban Charter School)[J]. Science Letter, 2016.

[33]Dragija Kostić, Martina, Vašiček, Vesna, Dražić Lutilsky, Ivana. Use of internal reports at Croatian higher education institutions[J]. Zbornik Ekonomskog fakulteta u Zagrebu, 2017.

[34]Vanesa G. Lo-Iacono-Ferreira, Juan Ignacio Torregrosa-López, Salvador F. Capuz-Rizo. Organizational life cycle assessment: suitability for higher education institutions with environmental management systems[J]. The International Journal of Life Cycle Assessment, 2017, 22 (12).

[35]Nishimura Takuo. Publicness of Education and Crisis of University : Reconsidered through the Intellectual History of Private Educational Institutions[J]. Forum on Modern Education, 2015, 24 (0).

[36]Tehmina N. Basit, Alan Eardley, Rosemary Borup, Hanifa Shah, Kim Slack, Amanda Hughes. Higher education institutions and work-based learning in the UK: employer engagement within a tripartite relationship[J]. Higher Education, 2015, 70 (6).

[37]Ana C Madeira, Maria Antónia Carravilla, José F Oliveira, Carlos A V Costa. A Methodology for Sustainability Evaluation and Reporting in Higher Education Institutions[J]. Higher Education Policy, 2011, 24 (4).

[38]Rubens de Oliveira Martins. Indivíduo e sociedade no discurso da política de ensino superior Individual and society in higher education policy discourse[J]. Sociologias, 2001 (6).

[39]Hugh Beale. Bridging the Gap: A Relational Approach to Contract Theory[J]. Journal of Law and Society, 2014, 41 (4).

[40]NAKATA Yasuhiko. Trends in Education Policy Research in the U. K. (Trends in Education Policy Research in 2003, V Education Policy Trends and Research Trends within and outside Japan)[J]. Annual Bulletin of Japan Academic Society for Educational Policy, 2004, 11 (0).

[41]GÉRARD BONNET. The CEFR and Education Policies in Europe[J]. The Modern Language Journal, 2007, 91 (4).

[42]Edward Lorenz. Regional Learning Dynamics and Systems of Education and Training: A European Comparison[J]. Journal of the Knowledge Economy, 2011, 2 (4).

[43]Benoit Lorel. Higher education system, skill premium and welfare[J]. Education Economics, 2009, 17 (4).

[44]Shulei Zhao, Guifang Liu, Qingxi Hou. The Enlightenment of German Higher Education Dual System to the Chinas High Education System[P]. 2014 International Conference on Education Reform and Modern Management (ERMM-14), 2014.

[45]Carlos Alberto Machado da Gama. Vocational Education in Brazil: from Schools of Craft Apprentices to Federal Institutions of Education[J]. Vértices, 2016, 17 (2).

[46]Jianjun DAI. The Study on Monitoring and Evaluation System of Teaching Quality of China Higher Education Institutions in the Era of Big Data[J]. Higher Education of Social Science, 2016, 10 (2).

[47]Maria Helena Augusto. Regulação educativa e trabalho docente em Minas Gerais: a obrigação de resultados Education regulation and teaching work in Minas Gerais: the obligation of results[J]. Educação e Pesquisa, 2012, 38 (3).

[48]Elmira Bayarystanova, Asyl Arenova, Raushan Nurmuhametova. Education System Management and Professional Competence of Managers[J]. Procedia - Social and Behavioral Sciences, 2014, 140.

[49]SOFIA CARLOS. Governing Education in Europe: a "new" policy space of European schooling[J]. European Educational Research Journal, 2012, 11 (4).

[50]Hongbo Xiu. Research on the Innovation of Education Management under Concept of the Rule of Law in College[P]. 2016 International Conference on Advances in Management, Arts and Humanities Science (AMAHS 2016), 2016.

[50]Paulo Charles Pimentel Bótas, Jeroen Huisman. (De)constructing power in higher education governance structures: an analysis of representation and roles in governing bodies[J]. European Journal of Higher Education, 2012, 2 (4).

[51]Jørgen Møller. Medieval Origins of the Rule of Law: The Gregorian Reforms as Critical Juncture?[J]. Hague Journal on the Rule of Law, 2017, 9 (2).

[52]Yongyi Qin, Yuanfang Fu, Feng Wei. The Rule of Law Order and its Realization in Discipline Construction[P]. 3rd International Conference on Society Science and Economics Development (ICSSED 2018), 2018.

[53]Ravi Chinta, Mansureh Kebritchi, Janelle Elias. A conceptual framework for evaluating higher education institutions[J]. International Journal of Educational Management, 2016, 30 (6).

[54]Tim Turpin, Robyn Iredale, Paola Crinnion. The Internationalization of Higher Education: Implications for Australia and its Education `Clients'[J]. Minerva, 2002, 40 (4).

[55]Vesna KOVAČ, Jasminka LEDIĆ, Branko RAFAJAC. Governance of Higher Education Institutions: Problems and Approaches to Solutions[J]. Drustvena istrazivanja: Journal for General Social Issues,

2002, 11 (6).

[56]Edith Hooge. Connecting with the World of Work: horizontal accountability processes in institutions providing Vocational Education and Training (VET)[J]. European Journal of Education, 2015, 50 (4).

[57]Glauco De Vita, Peter Case. Rethinking the internationalisation agenda in UK higher education[J]. Journal of Further and Higher Education, 2003, 27 (4).

[58]Mary Cruickshank. Total Quality Management in the higher education sector: A literature review from an international and Australian perspective[J]. Total Quality Management & Business Excellence, 2003, 14 (10).

[59]Gwilym Croucher, Peter Woelert. Institutional isomorphism and the creation of the unified national system of higher education in Australia: an empirical analysis[J]. Higher Education, 2[2]Lalage Bown. Higher Education and Development[J]. Minerva, 2002, 40 (4). 016, 71 (4).

[60]ALAN FOWLER, MARTIN GILFILLAN. A Framework for Stakeholder Integration in Higher Education Information Systems Projects[J]. Technology Analysis & Strategic Management, 2003, 15 (4).

[61]Brendan Bartram. Europeanizing education: governing a new policy space[J]. Professional Development in Education, 2012, 38 (5).

[62]Jan Kohoutek, Rómulo Pinheiro, Inna Čábelková, Michaela Šmídová. Higher Education Institutions in Peripheral Regions: A Literature Review and Framework of Analysis[J]. Higher Education Policy, 2017, 30 (4).

[63]HORIUCHI Tsutomu. Alteration of board of education system and autonomy of school management (Reconsidering the Autonomy of Educational Manegement)[J]. Journal of JASEA, 2015, 57 (0).

[64]Keiko Yokoyama. Neo-liberal “governmentality” in the English and Japanese higher education systems[J]. International Studies in Sociology of Education, 2008, 18 (3-4).

[65]Amizawati Mohd Amir, Sofiah Md Auzair, RUHANITA MAELAH, Azlina Ahmad. Pricing for higher education institutions: a value-based approach[J]. International Journal of Educational Management, 2016, 30 (6).

[66]Tom Dedeurwaerdere. Transdisciplinary Sustainability Science at Higher Education Institutions: Science Policy Tools for Incremental Institutional Change[J]. Sustainability, 2013, 5 (9).

[67]Francesca M. Beddie. A binary system of tertiary education: past ideas, contemporary policy and future possibilities[J]. International Journal of Training Research, 2015, 13 (1).

[68]Gottfried Biewer, Tobias Buchner, Michael Shevlin, Fiona Smyth, Jan Šiška, Šárka Káňová, Miguel Ferreira, Mario Toboso-Martin, Susana Rodríguez Díaz. Pathways to inclusion in European higher education systems[J]. Alter - European Journal of Disability research, Revue européen de recherche sur le handicap, 2015, 9 (4).

[69]Xin Wang. A Policy Analysis of the Financing of Higher Education in China: two decades reviewed[J]. Journal of Higher Education Policy and Management, 2001, 23 (2).

[70]Ane Turner Johnson, Pascal Hoba. Rebuilding higher education institutions in post-conflict contexts: Policy networks, process, perceptions, & patterns[J]. International Journal of Educational Development, 2015, 43.

[71]Ross Hudson. Dominated by Economics? Evidence of Changing Drivers of Internationalization and Its Funding Within Higher Education Institutions in Europe[J]. Higher Education Policy, 2016, 29 (1).

[72]ASAI Munemi, NAKAI Hideki, SATO Osamu. Toward Formulation of Learning System to Support Generic Skills Cultivation by Adopting Peer assessment between Universities (The New Frontier of Information Education)[J]. Journal of Information and Management, 2015, 36 (2).

[73]TSUBOI Yoshimi. Trends in Education Policy Research in America (Trends in Education Policy Research in 2007, V Education Policy Trends and Research Trends within and outside Japan)[J]. Annual Bulletin of Japan Academic Society for Educational Policy, 2008, 15 (0).

[74]Adriana Díaz, Camilo Olaya. An Engineering View for Social Systems: Agency as an Operational Principle for Designing Higher Education Access Policies[J]. Systemic Practice and Action Research, 2017, 30 (6).

[75]STEWART RANSON. Governing Education: remaking the long revolution[J]. FORUM, 2012, 54 (2).

[76]Jianxin Gu. Transnational education: Current developments and policy implications[J]. Frontiers of Education in China, 2009, 4 (4).

[77]Derek Birrell, Deirdre Heenan. Policy Style and Governing without Consensus: Devolution and Education Policy in N orthern I reland[J]. Social Policy & Administration, 2013, 47 (7).

[78]William Locke. Higher Education Mergers: Integrating Organisational Cultures and Developing Appropriate Management Styles[J]. Higher Education Quarterly, 2007, 61 (1).

[79]Feybi Ariani Goni, Abdoulmohammad Gholamzadeh Chofreh, Muriati Mukhtar, Shahnorbanun Sahran, Syaimak Abdul Shukor, Jiří Jaromír Klemeš. Strategic alignment between sustainability and information systems: A case analysis in Malaysian public Higher Education Institutions[J]. Journal of Cleaner Production, 2017, 168.

[80]Felipe Schwember Augier Felipe Schwember Augier. Reason, Consent and Contract The Difficult Least Common Denominator of Contractualist Theories[J]. Ideas y Valores, 2014, 63 (156).

（四）硕博论文

[1]谭颖芳. 中美大学章程比较研究[D]. 武汉：华中师范大学，2012.

[2]黄华. 西方治理理论的价值取向与理论困境[D]. 长春：吉林大学，2006.

[3]韩晓捷. 西方近代社会契约理论研究[D]. 天津：南开大学，2012.

[4]黄河林. 组织文化视角下中外合作办学大学章程建设研究[D]. 重庆：西南大学，2014.

[5]鲁柏铎. 高等职业院校章程建设现状的调查研究[D]. 重庆：西南大学，2014.

[6]方文晖. 我国大学章程制定路径研究[D]. 南京：南京大学，2011.

[7]白晨航. 允诺、契约义务与契约自由[D]. 北京：中国政法大学，2005.

[8]葛结根. 资本结构契约理论研究[D]. 北京：中国人民大学，2004.

[9]王海莹. 我国现代大学章程建设研究[D]. 重庆：西南大学，2012.

[10]丁伟峰. 行政组织的自我规制研究[D]. 长春：吉林大学，2017.

[11]鲁晓泉. 我国高校学校章程及制定研究[D]. 上海：华东师范大学，2007.